为传统经典注入新的时代内涵
为新时代提供传统的营养源泉

中 华 人 物 故 事

先贤启示

中华书局《月读》编辑部 编著

中央党校出版集团◎大有书局

图书在版编目（CIP）数据

先贤启示 / 中华书局《月读》编辑部编著 . —北京：大有书局，2021.5
（中华人物故事）
ISBN 978-7-80772-004-1

Ⅰ.①先… Ⅱ.①中… Ⅲ.①历史人物－列传－中国 Ⅳ.①K82

中国版本图书馆 CIP 数据核字（2021）第 061825 号

书　　名	先贤启示
	XIANXIAN QISHI
作　　者	中华书局《月读》编辑部　编著
丛 书 名	中华人物故事
项目统筹	刘韫劼
策　　划	叶敏娟
责任编辑	叶敏娟
装帧设计	罗　洪
责任校对	许海利
责任印制	李　怡
出版发行	大有书局
	（北京市海淀区长春桥路 6 号　100089）
综 合 办	（010）68929273
发 行 部	（010）68922366
经　　销	新华书店
印　　刷	中煤（北京）印务有限公司
版　　次	2021 年 5 月北京第 1 版
印　　次	2021 年 5 月北京第 1 次印刷
开　　本	140 毫米 ×203 毫米　1/32
印　　张	9
字　　数	132 千字
定　　价	42.00 元

本书如有印装问题，可联系调换，联系电话：（010）68929022

出版说明

大有书局是中共中央党校（国家行政学院）主管主办的一家中央级出版机构，为更好地融合传统文化与主题出版资源，我书局与中华书局合作，从其主办的《月读》杂志中精选一批历年来深受读者好评、以传统文化为核心内容的优秀作品，按照"人物故事""经典名篇"和"名著导读"三大类别编辑形成系列图书，希望其中包含着的修德立身精神、治国理政智慧有益于读者尤其是党政干部读者。

呈现给读者的系列图书，旨在古为今用，推陈出新。"人物故事"系列用时代精神讲述古圣先贤的生平、功绩、思想及贡献，希望能给读者提供现实借鉴；"经典名篇"系列汇集体现诸子文士思想精华的锦言妙文，有学习引用之便；"名著导读"系列以当下的视角解读中华传统经典名著，力图给读者以新解新知。

为满足读者的阅读需求，我们在整理过程中逐渐形成"突出经典，彰显从政智慧"的编选原则，在对大量原作进行归类整理、勘误校正的基础上，重点选择那些既与现实热点、大事大势结合紧密，同时又体现传统经典知识性、趣味性及思想性的文章。该系列图书力图做到小而美、精而雅，使传统经典常读常新，焕发新的阅读乐趣。

大有书局
2021 年 4 月

目录

先贤启示

周公 敬天保民，明德慎罚 —— 001

孔子 儒家学派创始者 —— 017

管仲 立国「四维」—— 030

晏婴 能言善辩，不辱使命 —— 047

子产 足以为国基 —— 063

董仲舒 天人三策 —— 080

先贤启示

张骞
凿空西域——096

司马迁
隐忍立名——109

诸葛亮
鞠躬尽瘁——122

范缜
唯物论者——139

玄奘
丝绸之路上的文化使者——156

刘晏
大唐理财家——170

先贤启示

朱熹 理学集大成者 —— 187

王守仁 知行合一 —— 204

徐光启 中西交流第一人 —— 221

张居正 救时宰相 —— 241

顾炎武 经世致用 —— 261

周公

敬天保民，明德慎罚

周公，姬姓，名旦，周文王之子，周武王之弟，因其采邑在周，故称周公，西周时期杰出的政治家、军事家、思想家。其事迹和思想主要记载在《尚书》《史记·周本纪》《史记·鲁周公世家》等文献中。周公一生政绩显赫，他协助文王创业，使周族不断壮大；他辅助武王克商，立下了汗马功劳；武王死后，成王年幼，他摄政当国，其间平定了地方叛乱，营建了洛邑，分封了诸侯，从而稳定了西周初期的政局。此外，他还以殷亡为鉴，提出『敬天保民，明德慎罚』的治国理念，对后世产生了深远影响，周公也因此成为历代政治家、思想家的楷模。

东汉末年著名政治家、军事家、文学家曹操的《短歌行》中有一名句："周公吐哺,天下归心。""周公吐哺",讲的是周武王的弟弟周公为了招揽天下贤才,在吃饭的时候,听到有人求见便立刻吐出正在咀嚼的食物,前去迎接客人。曹操的这句话表达了他要像周公一样礼贤下士,从而使天下的英杰真心归附。那么,历史上的周公究竟是怎样的人,他的事迹对后世又有哪些影响呢?

助武王灭商

周族大约在夏朝末期就已经在现今陕西、甘肃一带活动,只是当时其生产力十分落后。后来,周族在古公亶父的率领下,迁到岐山下的周原(今陕西岐山、扶风一带)。周人在这里安居下来，开垦农田，建立祭祀祖先的庙堂，修筑城郭，设立官职，经济发展得很快，从而势力逐渐强大。《诗经·鲁颂·閟宫》说古公亶父"居岐之阳，实始翦商"，意思是周人在这里奠定了灭商的基础。

为了生存和发展的需要，周臣服于当时的商朝，成了商的属国。到了古公亶父的孙子姬昌（即周文王）时，周虽然继续臣服于商，但其势力已经较为强大了，这引起了商朝统治者的不安。商纣王怕文王造反，就找了个借口把他囚困在羑里（今河南汤阴县）。幸亏文王身边的大臣有见识，知道纣王喜好美女和奇珍异宝，于是用这些贿赂纣王，才将文王救了出来。

文王知道此时周的实力还不足以与商朝对抗，于是他改变策略，表面上对纣王百般顺从，暗中却积蓄力量。他趁纣王征讨东方各族之际，攻打周围的小国，扩大了自己的领地，并把都城从岐山迁到丰（今陕西西安附近），从而为武王灭商奠定了坚实的基础。

周的势力在蓬勃发展，商朝却迅速地腐败下去。纣王不但连年争战，劳民伤财，还大兴土木，建造了许多宫室，加重了百姓的负担。有一个成语"酒池肉林"，说的就是纣王生活的腐败奢侈。这样的王朝，只有走向灭亡。

只是文王没有等到灭商的那一天就去世了。他的儿子姬发继位，也就是周武王。除了武王外，文王还很喜欢他的另一个儿子，就是周公。据记载，诸侯前来拜见时，文王便向年幼的周公咨询如何应对这些人。据实而论，周公乃一介幼童，文王没有必要向他咨询政务。文王此举意在考验周公，以培养其独立思考和处理复杂政治事务的能力，结果周公回答得很有条理，立刻得到父亲的认可。

武王继位后，周公便成为他的得力助手，二人与其他大臣一起谋划，开始了"翦商"的大业。

后来，武王和周公一起到了盟津（今河南孟津县）。据史书记载，当时有八百诸侯背叛了商朝，赶到盟津会盟，和周站在了一起。这些诸侯都说商朝现在可以打倒了，应该发兵。武王深思熟虑之后，认为时机还不成熟。其实，武王心里有数，他要等纣王完全被孤立的时候再出兵，这样一战就可取胜。

商朝的统治越来越腐败了，纣王更是残暴不已。大臣比干进谏说："淫乱不止，随便杀人，这样做是要亡国的。"纣王愤怒地说："我听说圣人的心有七窍，今天我就要看个究竟。"于是下令杀了比干，挖出了他的心。另一位大臣箕子看到这种情形大失所望，便装疯卖傻，想离开朝廷，结果被纣王扣押了起来。朝中还有一些重臣如太师疵、少师彊等见商朝已不可救药，纷纷投奔了周。《史记·周本纪》是这样记载的："纣昏乱暴虐滋甚，杀王子比干，囚箕子。太师疵、少师彊抱其乐器而奔周。"

武王得知这些消息后，知道伐纣的时机已经成熟。于是，由周公和姜尚辅佐，武王率军大举进攻商朝。

兵到牧野（今河南汲县），距离商朝都城朝歌（今河南鹤壁南）只有七十里，武王同各路诸侯将士举行了誓师大会，在誓词中宣布了纣王的四大罪状。此时，商朝的大部分兵力都在征伐东方各族的战场上，一时抽调不回来。为了抵抗周的军队，纣王把大批奴隶和战争中的俘虏武装起来，迅速赶到牧野。这些人对商朝早已心怀怨恨，战场上纷纷倒戈。牧野一战，周获得大胜，纣王兵败自杀，商朝灭亡。于是，一个新的王朝——周朝建立起来。

辅政成王与平定叛乱

灭商以后，如何治理天下成为武王日夜思虑的大事。周公提出了一套安抚民心、宣扬仁德的政策，得到了武王的采纳。他们封纣王之子武庚于殷，释放被囚禁的箕子，修葺被纣王杀害的比干之墓，打开监牢释放被囚的百姓，打开府库散发财物、粮食以赈贫救饥。同时，武王还派其弟霍叔、蔡叔、管叔在殷都附近建立邶、鄘、卫三国以监视武庚，史称"三监"。这些措施深得民心，使周灭商后纷乱的局面趋于稳定。周公的施政策略充分显示了他杰出的政治才能。

然而，周朝建立没多久，武王就得了重病，周公为此还设坛祷告，为武王祈福，但也无济于事，武王不久就病死了。

武王死后，他的儿子成王继位。《史记·周本纪》记载："成王少，周初定天下，周公恐诸侯畔周，公乃摄行政当国。"意思是成王年幼，由周公代成王执掌政权，成为周朝实际的最高统治者。应该说，周公摄政其实是受武王之托，因为武王对周公的才能有着深入的了解，况且周朝初立，形势极不稳定，更需要周公这样的人来稳定政局。然而,周公的做法让负责监视武庚的管叔和蔡叔很不满意。原因在于文王的长子早死,次子是武王,三子是管叔,周公排第四,按照这个顺序,管叔是哥哥,周公是弟弟,要摄政也应该是管叔优先。所以管叔表示不服,蔡叔也是这个意思。他们散布谣言,说"周公将不利于成王"。为此,周公还特别向姜尚和召公做了解释。

被征服的殷人和东方各族的贵族也在等待时机,准备复国。他们听说武王已死,成王年幼,便认为时机已到。曾经附属于商朝的奄(今山东曲阜市)、蒲姑(今山东博兴县)两国国君唆使武庚反叛。于是,武庚联络奄、蒲姑以及淮水下游的淮夷,积极准备复辟战争。

管叔、蔡叔均反对周公摄政,而且他们需要帮手,正巧武庚这边准备叛乱,于是管叔、蔡叔、武庚就联合起来,发动了武装叛乱。《史记·周本纪》记载:"(周)公乃摄行政当国。管叔、蔡叔群弟疑周公,与武庚作乱,畔周。"

叛军声势浩大,新生的周朝政权受到了严重威胁。在这种严峻形势下,周公决定亲率大军东征以平定叛乱。在平叛战争中,周公团结内部,采取军事攻势与政治争取并举的谋略，以及先弱后强、各个击破的作战方略。首先，以重兵沿武王伐纣路线击溃武庚部。其次，攻占管叔、蔡叔的领地，杀武庚、诛管叔、放逐蔡叔，贬霍叔为庶人。再次，周公率兵向东南，采取先弱后强的方针，一举攻灭了参加叛乱的十余个小国。最后，挥师北上攻奄，迫使奄国投降，随后，蒲姑也表示降服。至此，历时三年的平叛战争胜利结束。

周公东征平叛的意义很大，它挽救了濒于颠覆的新建王朝，稳定了周初的政局，避免了历史再次回到商朝末年纷纷乱乱的局面。此外，周公东征扩大了西周的统治疆域，使其控制地域东达于海，东北到今河北北部，南达淮河流域，这既为后来大规模的分封创造了条件，也促进了民族的融合。另外，周公东征还向东方和东南方传播了华夏文化。就周公个人来说，他在危难之际以周室利益为重，不顾个人安危和得失，表现出了政治家和摄政大臣的责任和担当。

营建东都

历史上的周朝分为西周和东周两个时期，所谓的

"西""东"是以其都城位置决定的。西周的都城在镐京（今陕西西安附近），称为"宗周"；东周的都城在洛邑（今河南洛阳附近），称为"成周"。洛邑的营建就是周公计划和实施的。

周公东征平叛后，商朝的一些贵族成为俘虏，因为他们反抗周朝的统治，所以被周人称为"顽民"或"殷顽"。周公知道他们不会甘心臣服，而且被征服的东部小国的统治者也会找机会反抗，所以必须要防范他们。周公的策略是分化利用、以殷制殷、武力监视、施以笼络。为实施这一政策，周公决定营建洛邑。

当时周朝的都城镐京偏于西部，而洛邑为当时"天下之中"，可以更加有效地控制东方。从史籍记载的情况看，周公营建洛邑时一切都按礼仪去办，毫不懈怠。洛邑建成后，迁殷"顽民"于此，以便加强对他们的统治。

周公吸取商朝灭亡的历史教训，从商朝的刑典中选择一些条款约束殷人，并说："如果你们不听命令，就将你们关起来。我可以警告你们三次，如果还是不听，我就会惩罚你们。"同时，他又说："如果你们能服从周朝的统治，在洛邑长久地耕种你们的田地，我们就会赏赐你们，还会选择能勤勉办事的人到王廷中来做官。"这种政策很快收到了效果，殷人逐渐臣服于周朝。

东都建成不久，成王已经成人，周公便不再摄政，而是让成王独自理政。成王在镐京，由召公辅政，专心治理西方；周公留在洛邑，管理东方事务。

应该说，洛邑的营建本是出于政治统治目的，但它同时也加强了西周王朝与东方各族的政治经济联系，"成王合诸侯城成周，以为东都，崇文德焉"。周王室向东方诸侯宣扬文治德政，"四方民大和会"是指四方诸侯来新邑朝见，为王室效劳，从而使洛邑成为联系东方各族的政治经济中心。

大规模分封

分封既是周朝一项重要的政治制度，也是维护周朝统治的重要方式。

分封并非周公发明。周武王灭商后，面对西周统治区域突然扩大的情况，要实现对新占区域的有效统治，最好的办法就是分封诸侯。据《左传》记载："昔武王克商，光有天下。其兄弟之国者十有五人，姬姓之国者四十人。"其中包括封周公旦于鲁，封召公奭于燕，封姜尚于齐，封黄帝之后于蓟，封纣王之子武庚于殷故都等。

周公东征后，周朝统治区域进一步扩大，于是他将分封推向高潮。《荀子·儒效》记载：周公"立七十一国，姬姓独居五十三人"。《左传》也记载："昔周公吊二叔之不咸，故封建亲戚，以蕃屏周。管、蔡、郕、霍、鲁、卫、毛、聃、郜、雍、曹、滕、毕、原、酆、郇，文之昭也。邘、晋、应、韩，武之穆也。凡、蒋、邢、茅、胙、祭，周公之胤也。"足见，西周时期大规模的分封是在周公摄政之时。

周公的分封是很有政治远见的，比如，他封自己最信任的弟弟康叔为卫侯，建立卫国。卫国地理位置优越，周公赋予康叔的权力也很大，为的是让他监视和管束周边的诸侯，特别是洛邑的殷人。康叔上任时，周公特别嘱咐他说："你要竭尽全力去治理，不要贪图安逸享乐。你的任务是把周朝的事业发扬光大，安定殷民。执行刑罚时，一定要慎重。"从结果看，康叔没有辜负周公的嘱托，控制了难以平定的商朝贵族。

周初的大分封巩固了西周的统治，对社会秩序的稳定起到了积极作用，同时也有助于华夏文化向四方传播。

周公的治国理念及其影响

通过前面的叙述,我们可以知道,由于成王年幼,周公摄政当国,这期间他东征平定内乱,营建东都,进行大规模分封,使周初的统治秩序趋于稳定,体现了一位政治家的风范。此外,周公还是一位思想家,他的治国理念对后世有着深远影响。

周公治国的核心思想是"敬天保民,明德慎罚"。需要指出的是,这一思想并非周公的独创,而是来源于尧、舜、禹、汤、周文王这些圣贤。周公是在实践中将其升华,最后形成自己的思想理论,并作用于后世的。

首先,"敬天保民"。在如何看待天、人关系上,周人无疑比殷人更加理性和进步。殷人迷信上天和鬼神,商王事无大小,都要占卜。可以说,殷人的世界观是绝对的天命论,认为人间一切(包括国家的兴亡)都是由天决定的。天神的权威是绝对神圣且无可怀疑的。据《尚书》记载,西伯灭黎之后,形势对殷商很不利,且殷民又不安定,纣王的大臣祖伊害怕了,就问纣王该怎么办。纣王却回答说:"呜呼!我生不有命在天。"这句话生动刻画了纣王迷信天命的心理。绝对的天命观导致的结果是,纣王轻视人事，沉迷于酒色，穷奢极欲，搜刮压榨百姓，最终激起了百姓的强烈不满。纣王重天轻人，败德虐民，丧失人心，终至灭亡。正如《周易》所言："汤武革命，顺乎天而应乎人。"又如《孟子·离娄上》所云："桀纣之失天下也，失其民也；失其民者，失其心也。"

周公历经周邦由小到大、由弱变强，最终灭商的整个过程。他从周族的兴盛、殷商的衰亡中敏锐地意识到，周之所以取得胜利，并不是因为周族的经济力量和军事力量比商强大，而是人心归向和百姓的支持。民众的力量、人心的向背在朝代兴替中的关键作用，迫使周公冷静地思考、总结国家兴亡与人的关系。因此，周公开始怀疑天命，将关注的焦点从"天"转向"人"，在治国时不仅要"敬天"，更要"保民"，唯此才能维护周朝长久的统治，实现"王以小民，受天永命"。

在《尚书·康诰》中，周公说"民情大可见"，以此告诫康叔要重视人民的意愿。又说："肆汝小子封，惟命不于常，汝念哉！"谆谆教导弟弟康叔要时时记住，天命不是常在周家的。正是商朝惨痛的历史教训，才使西周统治者越来越重视人民的作用，才发出"人，无于水监，当于民监"的感慨，才会有"民之所欲，天必从之""天视自我民视，天听自我民听"的认识。这种把"天命"与"民心"合而为一的思想，不仅是周公，也是周人思想意识上的一大飞跃。

基于这一思想，周公主张宽以待民，并提出重视商业，认为贸易能使城邑繁荣，改善人民的生活，同时重视手工业的发展。周公还进一步确立了农有时和农为本的国策，强调轻徭薄赋，照顾农民利益。中国以农立国，其政利于农，自然天下归心。周公还特别指出要"振乏救穷，老弱疾病，孤子寡独，惟政所先"，就是把关心贫穷孤苦的弱势人群放在施政的优先位置，体现了周公重民保民、以民为本的思想，这在当时确实是难能可贵的。

周公重视人的作用，还体现在注重人才方面。周公一再强调要任用那些贤明之人，而不能任用贪利奸佞之人。他还礼贤下士，招揽人才。关于周公招揽贤才的佳话历史多有记载，本文开篇说到的"周公吐哺"就是其中一例。《史记·鲁周公世家》记载："周公戒伯禽曰：'我文王之子，武王之弟，成王之叔父，我于天下亦不贱矣。然我一沐三捉发，一饭三吐哺，起以待士，犹恐失天下之贤人。'"正是由于周公礼贤下士，才招揽了众多贤才为西周效力,从而促进了西周王朝的稳固兴盛。

其次,"明德慎罚"。商朝因失德和酷刑而亡国,这使周公认识到统治者只有注重德行修养,谨慎地实行刑罚才能接受天命,使国运长久。因此,他提出了"明德慎罚"的方针,应该说这既是时代、社会的需要,也是历史发展的必然结果。

要实现明德,首先就要求统治者加强自我道德修养,做到自我约束、自我克制,行为处事以"德"为标准,严格要求自己的一言一行。周公深知"皇天无亲,惟德是辅",认为只有有德者,才能推行德政,从而使"民宁",保证天命长存。周公在《尚书·无逸》篇中,告诫成王要勤劳,不要一味地贪图享受;要爱护百姓,励精图治;要以商代的几位贤王和周文王为榜样,做事严肃谨慎,常常反省自己。周公的教导很有成效,成王执政后兢兢业业,其后的康王继续执行周公的政策,使周朝的社会得到迅速发展,出现了"成康之治"的繁荣局面。《史记·周本纪》记载:"成康之际,天下安宁,刑错四十余年不用。""明德"的第二层意义就是要教化百姓。周公认为百姓经过教化就会善良安定,不加教导就不会善良,那么国家也就不会有德政。

"慎罚"则是"明德"的一种表现形式，也是"保民"的举措。如何做到慎罚呢？周公提出了三点要求：一是刑罚主要不是看犯罪的大小，而是看犯罪的动机。明知故犯、坚持不改者，其罪虽小，也要严惩；如果是一时过失，并知道悔改，其罪虽大，也可不杀。二是审查供词时要慎重，应该多考虑些时日，详加分析，以避免错误的判断和量刑。三是对"不孝不友"的人施以重罚，对骗取声誉的贵族，也要施以重刑。做到以上三点就是"义刑义杀"，就是慎罚。这是周公对殷人滥施重刑以致丧失民心进行反省的结果。

周公"敬天保民，明德慎罚"的思想对后世产生了很大影响。春秋时期齐国政治家管仲"宽惠柔民"的治国思想就是在此基础上产生和发展起来的。儒家创始人孔子的核心思想"仁"，就包括"惠、宽、敏、恭、信"五德。孟子的仁政思想更是对周公德政思想的继承和发展。后来，汉代的恤刑制度，唐代"德礼为政教之本，刑罚为政教之用"的治国思想，也都是受到了周公治国理念的影响。直到今天，我们仍强调以人为本、任人唯贤，提出将以德治国和依法治国有机结合起来，这同样是对中华优秀传统文化的继承和发扬。

孔子

儒家学派创始者

孔子（前551—前479），春秋后期鲁国人，我国古代杰出的思想家、教育家，儒家学派创始人。孔子开创私人讲学之风，倡导仁、义、礼、智、信。有弟子三千，其中贤人七十二。曾带领部分弟子周游列国十三年，晚年修订六经（《诗》《书》《礼》《乐》《易》《春秋》）。孔子去世后，其弟子及再传弟子把他及弟子的言行语录和思想都记录下来，整理编成《论语》。该书被奉为儒家经典。

虽生活在两千多年前,但即使到今天,他的大名也称得上妇孺皆知。在不同的历史时期,他曾先后被当成传道授业的贤士、无所不知的圣人,以及伟大的思想家、教育家,儒家的创始人。这个人就是孔子。他的思想博大精深,对中华文化乃至世界文明都有着深刻的影响。

孔子的生平

孔子的生平事迹,主要记载于《论语》《史记·孔子世家》《史记·仲尼弟子列传》《孔子家语》中。

孔子是春秋后期鲁国人,名丘,字仲尼。他的父亲叔梁纥,晚年曾任郰邑大夫,所以孔子也被称为"郰人之子"。据《史记·孔子世家》记载,孔子幼年时就表现出对"礼"的爱好和向往,"为儿嬉戏,常陈俎豆,设礼容"。由于用心钻研礼法,他受到了当时鲁国次卿孟僖子的重视。不过,这并没能让孔子飞黄腾达。他在青年时期只做过管仓库、管牛羊之类的小官。后来,孔子又到齐国求职,也没有得到任用。

孔子从齐国返回鲁国后,受到鲁侯的资助,带着弟子南宫敬叔到周朝的都城洛邑"问礼"。当时的周王朝虽然已经衰落,但是洛邑仍保存了大量前代文献,对礼制等典章的保存也是最完整的。据说孔子在洛邑见到了时任"守藏史"的老子,并认真向老子学礼。回到鲁国后,孔子的声望越来越高,陆续有人从周边各国到他门下求学。

这时,鲁国内部的矛盾日渐尖锐。原来,鲁国有三家世代执政的"卿族":季孙氏、孟孙氏、叔孙氏。他们把持了鲁国的政权,鲁君的权威反而不及臣下。到了孔子所在的年代,这三家卿族的家主也渐渐失去了权柄,实权落到了家臣手中。孔子是个重礼之人,他对这种政令不出于上的局面深感忧虑,希望能够辅助国君重整纲纪。随着声望的高涨,孔子渐渐受到国君的重视。五十岁时,孔子被鲁定公任命为中都宰,一年后又被提升为司空，后来又晋升为主管刑法的大司寇。然而好景不长，孔子尊主卑臣的行为遭到了世卿的反对。不久，孔子被季桓子排挤，黯然去职，带着弟子离开了鲁国。

此后，孔子到过卫、陈、曹、宋、蔡、楚等诸侯国，希望能够找到一个施展抱负的地方。然而，各国的诸侯或对孔子表面尊重却不愿任用，或与孔子的理念南辕北辙。孔子在外奔波了十几年，没有找到施展胸中所学的机会，最终在年近七十时返回鲁国，从此致力编订文献的工作，同时也为执政者做顾问，直到七十三岁去世。

孔子生前由于博学多闻，已经有人称其为"圣人"，但孔子自己是不承认的。孔子去世后，其弟子分散在各诸侯国，各自传道授业，并受到诸侯、大夫的尊敬，甚至贵为卿相。随着孔门弟子的显达，以及儒家学说传播日广，孔子的形象越发高大起来。世人对孔子的称谓，也从单纯表示尊重的"子"，逐渐变成汉代的褒尊侯，北魏的文圣尼父，再变成唐代的先师、先圣、文宣王，元代的大成至圣文宣王，最后在清初被尊称为"至圣先师"。孔子的地位，至此及极。民国以后，就如何评价孔子及其思想，也曾经引起数番争论、几度反复。时至今日，我们称孔子为"儒家的创始者""伟大的思想家、教育家"，应该算是公允的评价了。

仁礼之学：孔子的思想体系

孔子生活的时代——春秋后期，传统的学术和政治体制已经被打破，但旧有的典籍与制度还没有被彻底忘却。相对而言，周代礼制在当时保存得最为完善，又因为是后起之秀，对夏、商两代的礼法制度有所损益，所以孔子最重视周礼，即所谓"周监于二代，郁郁乎文哉，吾从周"。可以说，周礼是孔子思想体系的核心。当然，孔子也不是完全盲从周礼。周人虽然不像殷人一样迷信鬼神，但对"天"还是很尊重的，强调对天意的遵从。但孔子则很少在弟子面前谈论"天道"的吉凶祸福、占星卜筮之说。子贡后来追忆老师，曾说："夫子之文章，可得而闻也；夫子之言性与天道，不可得而闻也。"

孔子为什么不谈"天道"呢？我们可以看看他与弟子的问答。樊迟向孔子请教什么是"知（智慧）"。孔子回答："务民之义，敬鬼神而远之，可谓知也。"所谓"务民之义"，就是集中精力去做老百姓需要的事情；

"敬鬼神而远之"，就是对鬼神保持基本的尊重，但不为迷信所惑。在孔子看来，能做到以上两条就算是有智慧的表现了。孔子之所以这样说，是因为对于讲求实际的孔子来说天道幽深，一般人说不清"天意"，所以还是不谈为好；而为政者只要能做到"从民所欲"，也就够了。

从孔子的言论看，他的思想体系主要包括两个方面，一方面是以"仁"为本的修己之学，另一方面则是以"礼"为本的治人之学。

所谓"修己"，就是提升个人的道德修养。孔子对执政者提出"正己"的要求。他认为，执政者能够做到自身端正，社会治理的水平自然就会上升；执政者自己不行，社会也会变得一团糟。这就是所谓"君子之德风，小人之德草，草上之风必偃"。所以，孔子强调执政者要"修己以安人"。

那么，应该如何提升自己的道德修养呢？这就体现了"仁"的作用。《说文解字》说："仁，亲也。"樊迟向孔子问"仁"，孔子答："爱人。"可见"仁"的本意，是要做到人际关系亲睦。按孔子的观点，一个人与家人相处时要做到孝悌（孝顺父母、友爱兄弟），与上级相处时要表现出恰当的尊重，与其他人相处时要做到忠恕（尽心为人，推己及人）。在这几项中，孔子最重视的是孝悌。孔子说："孝弟（通'悌'）也者，其为仁之本与！"他认为一个人在家能够和父母兄弟好好相处，自然就会将这种感情推及其他人身上，不会去做犯上作乱的事情。在与其他人相处方面，孔子则强调"己欲立而立人，己欲达而达人"，希望弟子能够考虑他人的感受，做到换位思考。在孔子看来，一个人如果能做到上述要求，其道德品质也就基本达到"仁"的层次了。

孔子还对社会各阶层提出了"克己"的要求。所谓"克己"，其实就是强化自我约束。孔子说："以约失之者鲜矣。"也就是说，能够自我约束，就可以少犯错误。他又说："见贤思齐焉，见不贤而内自省也。""思齐"是希望自己也能和别人一样好，"自省"是约束自己不要犯同样的错误。这就比单纯的自我约束更高一层了。

按照孔子的理念，人们在培养道德品质的时候，于己，则呼唤"克己"；于人，要做到"爱人"。两者贯彻，则修己之学能有所成就。修己既成，则当以之安人，这又过渡到治人之学的层面了。

治人之学实际就是孔子的治国思想。在孔子生活的年代，周天子没有实权，大小诸侯国互相攻伐吞并，诸侯国的内部斗争也非常激烈。孔子对这种动荡不安的局面非常反感，他要求用"德"和"礼"来治国安民，以政、刑作为补充，即所谓"道之以政，齐之以刑，民免而无耻；道之以德，齐之以礼，有耻且格"。这一观点与现代的"以德治国"思想有相合之处。

此外，针对当时上下尊卑淆乱的局面，孔子还提出了"正名"的原则。他与学生游卫时，子路问："卫君待子而为政，子将奚先？"孔子说："必也正名乎！"子路感到不解，于是孔子向他解释了"名不正，则言不顺；言不顺，则事不成；事不成，则礼乐不兴；礼乐不兴，则刑罚不中；刑罚不中，则民无所措手足"的道理。

就具体治国策略而言，孔子是很务实的。他周游列国时经过卫国，赞叹道："人口真多啊！"给他驾车的冉有趁机问道："那下一步应该怎么治理呢？"孔子答道："让他们富起来。"冉有又问："富起来以后呢？"孔子回答："教化他们。"从这里我们可以看出，孔子很重视给予人民好处，他的理念是"惠则足以使人"，这与周代单纯的"德治"又有所不同。

总的来说，孔子的思想体系包含了修身与治国两个互相联系的方面，既强调人们的自我约束、自我提高，做到"修己以安人"，又以礼法为原则，要求社会成员按照身份各行其事、各负其责。同时，他还考虑到春秋时期的社会现实，要求给百姓带来实实在在的利益，然后进行教化，这是孔子"民本"思想的体现。

走向世界的孔子

应当承认，用今天的眼光看，孔子的某些言论与当今社会的确有方枘圆凿之处，这与其生活的时代是分不开的。但是，总体而言，孔子的思想对中国人、中华文化圈乃至全世界都有着巨大的影响。

首先，孔子提出的很多道德观念是现代伦理道德的先声。如前文所言，孔子倡导"仁"，提倡"爱人""克己""孝悌"，重视人与人的互相爱护，强调正直守信，呼吁自我约束。在孔子的阐释下，原本作为贵族尊称的"君子"一词便成为恭敬庄重、博学多识、诚实不欺、重义轻利、谦虚谨慎等美德的代表，由身份的象征转变为道德的象征。从此，庶民中的有德之士也可以被尊为

"君子",而贵族中道德败坏的人则难逃"小人"之名。

其次,孔子重视个人努力,强调积极有为,为中国奠定了积极进取的基调。中国的上古时代,贵族自认承天命而生,受天命而统治;作为社会基础的平民没有上升的空间,也很难有进取的念头。孔子虽然相信天道、天命,但他并不宣扬天意决定人生的论调,而是主张人要主动改变自己的处境。他说:"人能弘道,非道弘人。"意为人能使道发扬光大,而不是让道给人装点门面。这是强调学者要主动"传道"。他常年不得志,对弟子说:"道不行,乘桴浮于海。"又有记载,孔子想要到不够开化的九夷地区居住、传道,有人劝他说:"陋,如之何?"(那里物质条件太差了,怎么办?)孔子的回答却是非常乐观的:"君子居之,何陋之有?"他坚信自己终究能够找到一片可以施展抱负的热土。孔子自幼至老,始终力求"有为",这种思想直到今天仍然影响着中国人。

最后,孔子的教育观念影响了其后两千多年的中国社会。在春秋中期以前,教育完全是由贵族掌握的,能够受教育的也只会是贵族子弟。孔子的教育理念则不同。他说:"自行束脩以上,吾未尝无诲焉。"在春秋时期，贵族之间相见，礼物多是玉帛之类，即使是士人相见，也以一只大雁作为见面礼。孔子所说拿一束（十条）干肉作为拜师礼的，多半是平民子弟。孔子不但吸收平民子弟入学，而且对他们悉心教诲。孔门有所谓"十哲"，即十个最出色的学生，其中以德行著称的颜回和冉雍都不是贵族子弟。颜回的"一箪食，一瓢饮，在陋巷，人不堪其忧，回也不改其乐"，体现其达观乐天的处世态度，孔子视之为最得意的弟子；冉雍虽出身卑贱，但德行高超，孔子评价他"可使南面"，具备做一方长官甚至诸侯的素养。孔子的这种教育观，用他自己的话来说就是"有教无类"。我国从古至今都重视教育、重视知识，不能不说与孔子开创的教育观有很大关系。

除去对中华民族性格的影响外，孔子还具有世界性的一面。由于中国古代文化发达，中国的主流文化——以孔子为开山鼻祖的儒家文化——不断向周边国家如日本、韩国、越南等辐射，形成了西方学界所说的"儒家文化圈"。儒家文化的辐射传播既不靠武力，也不靠政府向周边施压，而是以伟大的人文精神——人道、仁道、和谐、中庸之道，感召中国周边的国家与民族，使他们进入广义的中华文明范畴，从整体上促进了东亚及南亚地区文化的发展。

在西方看来，孔子是与苏格拉底、柏拉图同一等级的哲人。法国的启蒙思想家伏尔泰在《论孔子》中写道："没有任何立法者比孔夫子曾对世界宣布了更有用的真理。""'己所不欲，勿施于人'是超过基督教义的最纯粹的道德。"与其同时代的启蒙思想家如狄德罗、霍尔巴赫也对孔子和儒家文化津津乐道。1993年，在《走向全球伦理宣言》中，美国坦普尔大学教授列奥纳德·斯维德勒（Leonard J. Swidler）将孔子首先提出的"己所不欲，勿施于人"列入"黄金规则"（即数千年来人类普遍认同的伦理规则），视为全球应共同遵守的基本原则。美国学者麦克·哈特（Michael H. Hardt）在其所著的《影响人类历史进程的100名人排行榜》一书中，将孔子排在第五名。他对孔子的评价是："孔子学说只强调个人的责任而不是个人的权利。根据以这种哲学来保持国内和平繁荣所发挥的作用而论，大体说来，中国是地球上治理得最佳的地区。"

孔子有着非同一般的影响力，而且又是一位伟大的教育家，我们在对外推广汉语和中国文化时，首先想到的就是他。2004年，我国政府与韩中文化协会合作，在韩国首尔设立了全球第一家"孔子学院"。此后，通过国际协商，不断有新的孔子学院在各国安家落户。孔子学院作为一个非营利性教育机构，其宗旨是增进世界人民对中国语言和文化的了解，发展中国与外国的友好关系，促进世界多元文化发展，为构建和谐世界贡献力量。通过孔子学院，我国不仅对外介绍了语言和文化，推广了汉语教学，而且提供了针对中国教育、文化、经济及社会等领域的信息咨询，推动了关于当代中国的研究。

总的来说，孔子的影响力是不可忽视的。他虽然生活在两千多年以前，但是他对中国乃至世界的影响却历久弥新。我们相信，随着中国的进一步发展、强盛，孔子将越来越受到世界的瞩目，也将在未来的世界文化体系构建中发挥更大的作用。

管仲

立国『四维』

管仲（前723—前645），名夷吾，字仲，谥敬，颍上（今安徽颍上县）人，春秋时期著名政治家、改革家、思想家，法家学派早期代表人物。《史记》卷六二有传。青年时期的管仲几次谋求出仕都没有成功。后来，他与召忽一起辅佐齐国公子纠，但在王位争夺中公子纠失败，管仲因刺杀齐桓公未遂而成为囚徒。由于受到鲍叔牙的推荐，加之齐桓公志向远大，不计前嫌，管仲被任命为国相，治理齐国。他大兴改革，齐国由此走向强盛，终使齐桓公『九合诸侯，一匡天下』，成为春秋时期第一位霸主。从管仲身上我们领略到了一代政治家的风范，他的处事能力和从政智慧也值得后人借鉴。

管仲是我们熟知的一位历史人物,他辅佐齐桓公并使其成为春秋第一位霸主的故事也是家喻户晓的。从管仲身上我们领略到了一代政治家、改革家的风范,他的处事能力和从政智慧值得后人借鉴。

管鲍之交

管仲,又被称为管夷吾、管敬仲,据说是周穆王的后代。管仲的父亲管庄是齐国的大夫,后来家道中衰,导致管仲的生活较为贫困。

青年时期的管仲为了生活做过商人,到过很多地方,也接触过各种各样的人,积累了一定的社会经验。他几次谋求出仕,但都没有成功。

管仲在经商的时候,结识了一位好朋友,就是鲍叔牙。从历史进程上看，可以说鲍叔牙对管仲不仅有知遇之恩，更有"救命"之恩。如果没有鲍叔牙，管仲恐怕只能默默无闻一辈子，而齐桓公能否成为春秋时期一代霸主，也将是个问号。

起初，管仲和鲍叔牙合伙做生意。由于管仲贫穷，本金主要由鲍叔牙出，两个人赚了钱，即使鲍叔牙不拿多数，也理应均分。可管仲不这样做，每次分红利时，他总要多拿一些，鲍叔牙对此却并不以为意。有的人看不下去了，便私下议论说：这个管仲真奇怪，本钱拿的比人家少，分钱的时候却拿的比人家多！这种贪财之人，太不够朋友了。鲍叔牙听后，替管仲解释说：你们各位不知道，管仲并不是贪图那点钱财，因为他家境不好，我心甘情愿让他这样做的。

管仲曾三次参加打仗，每次不是躲在后面就是逃跑，一些人笑话他贪生怕死，没有勇武精神。鲍叔牙深知这话冤枉了管仲，又替他解释道：你们不知道，管仲家中有年迈的母亲需要奉养，家里上上下下都指望他一个人，他只是为了尽孝，不是贪生怕死。

管仲多次为鲍叔牙谋求出仕的机会，却不仅没有成功，反倒使鲍叔牙的仕途更加困窘。有人认为这是因为管仲办事能力差，可鲍叔牙心里明白，自己的这位朋友能力很强，只是缺少适当的时机。

后来，正是由于鲍叔牙的举荐，管仲才做了齐桓公的相，辅佐齐桓公成为春秋首霸。管仲在回顾与鲍叔牙的交谊时说道：生我的人是父母，而真正了解我的人是鲍叔牙啊！后世之人在称赞朋友之间有很好的友谊时，就会说他们是"管鲍之交"。的确，作为朋友，鲍叔牙对管仲如此体谅、如此大度、如此看重、如此理解，这可不是一般人能做到的。

一次失败的刺杀行动

齐僖公死后留下三个儿子：太子诸儿、公子纠和公子小白（即后来的齐桓公）。太子诸儿继位，是为齐襄公。当时，管仲和一个叫召忽的人一起辅佐公子纠，鲍叔牙则辅佐公子小白。齐襄公暴虐淫乱，把齐国搞得一团糟。管仲和鲍叔牙都预感到大乱将起，于是各自替主人想好了出路。管仲和召忽保护公子纠逃到了鲁国，鲍叔牙则保护公子小白逃到了莒国。两位公子出逃的地方虽然不同，但目的却是相同的，即静观事态的变化，把握时机,争取有一番作为。

事情果然不出所料,齐襄公的叔伯兄弟公孙无知串通两个大夫闯进宫中,杀死了襄公,并自立为国君。第二年,公孙无知又被杀死。一时间,齐国无主,政局大乱。两个逃亡在外的公子都想赶紧回国,以便抢夺君位。

公子小白和鲍叔牙在分析情况后,立刻向莒国借了百辆兵车,向齐国奔去。鲁国国君庄公得知齐国无主,也立刻发兵护送公子纠一行回国,然而他们发现,此时已经晚了公子小白一步。管仲立即站了出来,他决定快马先行,在通往齐国的大路上阻截并杀掉公子小白。

管仲带领一小队兵卒来到了公子小白必经的路上埋伏下来。不久,便听前方车马喧哗,公子小白一行人来了。等其车马走近,管仲操起箭对准公子小白的胸口就射了过去。只听"啊"的一声,公子小白应声倒下。管仲见其已倒下,以为大功告成,立刻率领人马飞奔而回。其实公子小白并没有死,管仲这一箭正好射到了他的衣带钩上,他急中生智,咬破了自己的舌头倒下装死。

经此一惊,公子小白与鲍叔牙有了警惕,于是飞速向齐国进发。他们来到齐国都城临淄后,鲍叔牙先进城里进行劝说,齐国大臣都同意立公子小白为国君,于是公子小白顺利地登上了君位,这就是历史上有名的齐桓公。

受推荐而为齐相

管仲见公子小白倒下并口吐鲜血之后,马上派人给公子纠报信。公子纠很是得意,认为没有人再同他争夺君位了,也就不急于赶路了,六天后他们才到达齐国。没想到齐国已经有了新国君,不是别人,正是管仲亲眼见到的倒地吐血的公子小白。公子纠气急败坏,连忙派人报告鲁国国君。鲁国国君得知这一情况后,当即增派人马杀奔齐国,想趁齐桓公立国未稳,用武力为公子纠争夺君位。齐桓公这边也不示弱,准备人马前来应战。齐军士气旺盛,而鲁军长途跋涉人马疲倦,最终吃了败仗。鲁国国君也身陷重围,险些被擒。就这样,齐桓公坐稳了国君的位子。

齐桓公继位后,有意请一直辅佐自己的鲍叔牙出任国相,主持齐国的政事。鲍叔牙却诚心诚意地对桓公说：" 我只是一个平庸之臣。您能施惠于我，使我不受冻饿，那是您的恩赐。但若想把齐国治理成最富强的国家，那不是我能办到的。"桓公听后有些不解，反问道："依先生看，谁有这个本事能把齐国治理成最富强的国家呢？"鲍叔牙立即答道："非管仲不可！"桓公不敢相信自己的耳朵，惊讶地说："管仲，你不知道他差点置我于死地吗？他可是我的仇人啊！"鲍叔牙解释道："管仲是个天下奇才，我不如管仲的地方有五个方面：宽以从政，惠以爱民，我不如他；治理国家，稳定政权，我不如他；取信于民，得人之心，我不如他；制作礼仪，四方归化，我不如他；整治军旅，使百姓勇于战斗，我不如他。再说，释去私怨、化敌为友是治国大事。当时管仲用箭射您，是为了效忠公子纠。现在您如果不仅赦免他的罪过还加以重用，他就会像效忠公子纠那样效忠您的。"听了鲍叔牙的话，桓公继续问道："依先生高见，现在应该怎么办？"鲍叔牙果断地说："请鲁国把管仲交还给我们。"桓公听从了鲍叔牙的建议。

于是，鲍叔牙派人给鲁国国君送去一封信，信中说："公子纠是我国国君的兄弟，我国国君不忍心杀他，请您把他就地正法。而管仲、召忽是我国国君的仇人，请您将此二人交给我们报仇雪恨。不然，我国就要出兵了。"

鲁国国君看到信，回想起不久前死里逃生的一幕，心里十分惧怕，他不敢违背齐国的意思，只得一切照办，杀死公子纠，生囚管仲、召忽。

管仲得到消息后问召忽："你怕死吗？"召忽慷慨激昂地回答说："大丈夫焉能怕死！现在就让你为生臣，我为死臣。我为公子纠而死，公子纠就有了为他死节之臣；你活着回去，替齐国完成霸业，公子纠不就有了生臣吗？"后来，召忽果然自杀了。管仲有辅佐国君"定国家，霸诸侯"的远大志向，因此没有选择自杀，而是坐上囚车向齐国进发。

管仲刚进入齐国国界，鲍叔牙就在那里迎候了。老友相见，分外亲切。鲍叔牙立即命人打开囚车，替管仲去掉刑具。管仲惭愧地对鲍叔牙说："我同召忽共同侍奉公子纠，既没能辅佐他登上君位，又不能死节尽忠，我已经感到惭愧。现在我又去侍奉曾经的仇人，岂不被天下人耻笑吗？"鲍叔牙开导他说："行大事的人，不拘小节；立大功的人，不在意别人的议论。你有治国的才能，国君志向远大，又得到你的辅佐，他一定会名显于诸侯的。"

在鲍叔牙的推荐下，管仲得到了齐桓公的召见。

桓公上来就将自己考虑很久的问题提了出来："你认为齐国可以安定吗？"管仲从桓公继位后的作为已经了解到他是个有抱负、有雄心的君主，于是动情地说道："君主您能赦免我的死罪，这是我的万幸。我苟且偷生至今，没有为公子纠而死，就是为了安国家、强社稷的。如果做不到这点，就是我贪生怕死，只希望升官发财了。"

齐桓公被管仲的话打动，表示自己要以成就霸业为目标，于是又问道："安定社稷，使国政修明，应该先从何处下手呢？"管仲回答："必须先得民心。""怎样做才能得民心呢？"桓公反问。管仲郑重地说："要得民心，应该先从爱护百姓做起。君王能够爱护百姓，百姓自然愿意为国家出力。"桓公进一步问："怎样做才是爱护百姓呢？"管仲说："爱护百姓，就得先使百姓富足，百姓富足后国家得到治理，这些是必然的。反之，则不然。"桓公继续问："百姓已经富足安乐，但如果甲兵不足，该怎么办？"管仲回答："兵在精而不在多。兵力要强，士气必须旺盛。士气旺盛，还怕训练不好士卒吗?"

管仲对齐国内政、用兵、安民等的高明见解,使桓公十分信服。不久,桓公拜管仲为相,让他主持齐国政事。管仲感激桓公对自己的信任和重用,开始着手改革齐国内政。

治理齐国,创建霸业

在对齐国的形势进行调查后,管仲着手改革。

第一,改革行政制度,即"叁其国而伍其鄙"。"国"就是都邑,"叁其国",就是把"国"划分成二十一个乡,其中工乡三个、商乡三个、士乡十五个,分别安置工、商、士;十五个士乡又分成三份,桓公亲自管理五个,上卿国子和高子各管理五个。"鄙"就是乡村,"伍其鄙"即规定乡村三十家为一邑,设一个司官;十邑为一卒,设一个卒帅;十卒为一乡,设一个乡帅;三乡为一县,设一个县帅;十县为一属,设一个大夫。全国乡村共分五属,分别由五个大夫管理。士、农、工、商四民分业定居,不得随意迁徙。地方各级官吏则由国君直接任免,统一执行国君的政令。这一改革举措强化了国君对直属领地的控制。

　　第二，改革人才制度。管仲打破世卿世禄的旧制，唯才是举，向齐桓公推荐了虽地位卑微但有真才实学的人担任要职，如宁戚本是一个喂马的奴仆，因有怀民济世之才而被任用。管仲还规定人人都有推举贤才的义务，甚至派人广招天下贤士，以为齐国所用。齐桓公曾为"官少而索者众"苦恼不已。面对跑官、要官者，管仲异常清醒地奉劝齐桓公"无听左右之请，因能而受禄，录功而与官"，要使无能之辈"莫敢索官"。管仲还特别提醒齐桓公要高度警惕身边的小人，这些人如同寄身于神社木中的"社鼠"，是治国的大患。管仲还制定了官吏的"三选法"：首先由地方乡长等荐举贤才，再经中央长官进行为期一年的考察，最后由国君面试，"訾相其质"，确认"足以比成事，诚可立而授之"官者，"升以为上卿之赞"，即上卿的助理。此法实行的结果是"匹夫有善，可得而举也；匹夫有不善，可得而诛也"。选拔制度的改革使大批德才兼备的人来到齐国，极大地提高了行政效率，进而形成了安定的政治局面和良好的社会风气。

　　第三，改革军事制度，即"作内政而寄军令"。管仲把民政组织与军事组织统一起来，平时是民政组织，战时是作战单位，寓兵于民、军政合一，从而形成了一支具有强大战斗力的队伍。

第四，改革土地租税制度，"相地而衰征"，就是根据土地的肥瘠好坏，分等级征收赋税。具体做法有二：一是"均地分力"，二是"与之分货"。"均地分力"就是打破公田（徭役田）与私田的界限，把公田直接分给农户耕种（均地），实行一家一户的分散经营（分力），也就是改集体耕作为个体生产。此举大大激发了耕者的劳动热情，以至于"夜寝蚤起，父子兄弟不忘其功，为而不倦，民不惮劳苦"。"与之分货"就是按照土地质量测定粮食产量，把一部分收获物上缴给土地所有者，其余部分则归生产者支配。上缴部分与留下的部分各占一半，由于分租比例固定，多产便可多得，因此耕种者为增加产量自然会尽力劳作。需要指出的是，管仲的这一改革仅限于税制，并未触动国家（集体）土地所有制。他认为发展农业生产必须坚持"相地衰征""井田畴均""无夺民时"三者并行。战国后期，商鞅提出废井田、开阡陌，允许土地买卖，是继管仲后的又一次重大经济改革。

第五，鼓励贸易。管仲做过商人，深知商品流通对发展经济的重要作用。他提出将工商与士农并列，肯定士、农、工、商四民同属"国之石（硕）民"，把工商业者的社会地位提到与农民和士同等的高度。这在当时是一个大胆的突破。在此基础上，管仲提出"薄本肇末"的观点。什么是"薄本肇末"？"薄，等也。肇，正也。谓先等其本，以正其末"，即在发展农业的基础上，加强工商业。本末虽有主次，但必须同等看重。管仲在强调粮食是"王者之本""民之所归"的同时，充分认识到"无市则民乏"，发展工商业同样是社会所必需的。可见，管仲是按照经济规律办事的。从史实上看，管仲出任齐相后，注重发展国内贸易，同时发展与其他诸侯国之间的境外贸易，并实行比国内贸易更为自由、开放的政策。为鼓励境外贸易，管仲减免了鱼、盐商税，在生活上给客商提供优惠待遇。他还运用"轻重"理论，随时调节商品的价格，防止暴涨暴跌伤民。

第六，改变国与国之间的敌视政策，"亲邻国""安四邻"。管仲用重礼聘赠诸侯，划正疆界；归还此前侵夺别国的土地；不接受别国奉献的资财；缓和与其他诸侯国之间的关系；主持公道正义，抑强扶弱；等等。

管仲的改革注意因地、因时制宜，使之"与俗同好恶"，"俗之所欲，因而予之；俗之所否，因而去之"，努力把改革与国家的需求和百姓的期盼结合起来，使之切合国情，顺乎民意。这既是改革留给后人的重要启示，也是改革能够取得成功的关键。

管仲改革，使一度衰败的齐国再次崛起，重新成为拥有强大军事力量和经济实力的东方大国。齐桓公以强大的国家实力作为后盾，召集各诸侯国前来会盟。齐桓公以盟主的资格，"九合诸侯，一匡天下"，成为春秋时期第一位霸主。据记载，齐桓公曾在葵丘大会鲁、郑、宋、卫、许、曹诸国君主，周襄王派宰孔与会，并让他分给齐桓公祭祖的祭肉，且免桓公下拜之礼，这体现了对齐桓公的尊敬及对其霸主地位的认可。

必须承认，齐桓公之所以能够成就霸业，离不开管仲的改革和有力的辅佐。孔子说："桓公九合诸侯，不以兵车，管仲之力也。如其仁，如其仁。"又说："管仲相桓公，霸诸侯，一匡天下，民到于今受其赐。"司马迁在评价管仲的政绩时说："其为政也，善因祸而为福，转败而为功。""齐桓公以霸，九合诸侯，一匡天下，管仲之谋也。"齐桓公对管仲也是敬重有加，不仅"委国以听之",还尊之为"仲父"。

流传后世的管子思想

　　管仲为齐国的大业贡献了毕生精力。他病重时,齐桓公亲自前去探望,问道:"您病得这样厉害,如有意外,我能依靠谁去处理国家大事呢?"管仲回答说:"隰朋可以。他为人宽厚,没有背叛之心。"接着,管仲对桓公说:"希望您能斥逐易牙、竖刁、卫公子开方这三个小人。"桓公不解,问道:"易牙烹其子为我做肉羹,难道还值得怀疑吗?"管仲说:"人没有不爱其子的,易牙连亲生儿子都忍心杀掉,怎么会忠于君主呢?"桓公又问:"竖刁残害自己的身体来侍奉我,难道也值得怀疑吗?"管仲回答说:"人没有不爱惜自己身体的,竖刁连自己的身体都不爱,怎么会忠于君主呢?"桓公又问:"卫公子开方侍奉我已经十五年了,他父亲去世时都不赶回去奔丧,这样的人难道还要怀疑吗?"管仲回答说:"人没有不爱自己父亲的,公子开方连自己父亲去世都忍心不去服丧,他怎么会忠于君主呢?"可见,管仲在病危时还关心着齐国的事业。

只可惜，管仲去世后，齐桓公并没有听从他的意见，反而重用佞臣易牙、竖刁、公子开方，导致国家大乱。据记载，齐桓公死后，他的尸体在床上放了近七十天才被收殓。从此，齐国的霸业结束了。

管仲不仅是一位政治家，还是一位思想家，被后人尊称为"管子"。他的思想主要记载在《管子》一书中，对后世不无启发意义。

首先，管仲提出了立国"四维"之说。何谓"四维"？一曰礼，二曰义，三曰廉，四曰耻。他认为："国有四维，一维绝则倾，二维绝则危，三维绝则覆，四维绝则灭。"也就是说，"四维"是国家的支柱，缺了一维，国家就会倾斜；缺了两维，国家就会有危险；缺了三维，国家就会颠覆；缺了四维，国家就会灭亡。具体而言，"礼"和"义"是指人的伦理道德，人有人伦，事有事理，不可违背；国有国体，国有法律，要让大家遵守执行，不可偏废。所谓"廉"，就是廉洁奉公，凡事要以国家利益为重，不可中饱私囊。所谓"耻"，就是要有羞耻感，要走正道，不走歪门邪道。

其次，作为法家学派早期的代表人物，管仲主张法治，即无论贵贱，都要守法；君主与臣民，同受法律的约束；刑赏功过，都要以法令考核；选贤任才，都要遵照法令行事。可以说，法治既是管仲治理齐国的一个重要手段，也是治国有成效的重要原因。

最后，管仲重视民意，行事以"顺民心为本"。他说："政之所兴，在顺民心；政之所废，在逆民心。"又说："人主出言，顺于理，合于民情，则民受其辞。"意思是说，顺民心，国家就会兴盛；逆民心，国家就会衰败。管子思想中的可贵之处体现于此。

晏婴

能言善辩,不辱使命

晏婴(前578—前500),字平仲(一说字仲,谥号「平」),莱地夷维(今山东高密市)人,春秋时期齐国著名政治家、思想家、外交家,被尊称为「晏子」。《史记》卷六二有传,《晏子春秋》《左传》中也记载了大量晏婴的事迹。晏婴一生经历齐灵公、齐庄公、齐景公三世,以政治远见、外交才能、作风朴素闻名于诸侯。他聪颖机智,能言善辩,内辅国政,屡谏齐王;他出使不辱使命,既富有灵活性,又坚持原则,捍卫了齐国国威。晏子是诤臣,是良臣,是廉臣,是勇臣,是智臣。他的从政智慧和道德品行备受后世尊崇,成为人们学习的典范。

春秋时期的齐国出了两位著名的辅臣,前者为管仲,后者为晏婴。管仲辅佐齐桓公,使其成为春秋第一位霸主;晏婴一生经历齐灵公、齐庄公、齐景公三世,显名于诸侯。他们共同博得了"管晏"合称的美誉,司马迁写《史记》时,也将二人合传,取名"管晏列传"。

司马迁为什么愿做晏子的奴仆

晏婴,生活于春秋末期,大约与孔子同时代,初为齐国大夫,后任齐国宰相,被尊称为"晏子"。

对于晏婴,我们并不陌生,一是知道他个子矮,"长不满六尺"。有学者指出,当时的一尺相当于现在的七寸,不满六尺也就是不到四十二寸,即不到1.4米。二是知道他机智灵活,善于随机应变。"齐命使,各有所主。其贤者使使贤主，不肖者使使不肖主。婴最不肖，故宜使楚矣。"这是"晏子使楚"的故事。"橘生淮南则为橘，生于淮北则为枳，叶徒相似，其实味不同。所以然者何？水土异也。今民生长于齐不盗，入楚则盗，得无楚之水土使民善盗耶？"这是晏婴与楚王的辩论。晏子谈笑风生，挥洒自如，既有原则性，又有灵活性，既不长对方志气，又能抓住对方的弱点以退为进，使辱人者自辱，政治家、外交家的风范体现得淋漓尽致。

史学家司马迁在为晏婴作传时这样说道："假令晏子而在，余虽为之执鞭，所忻慕焉。"唐代司马贞《索隐》说："太史公之羡慕仰企平仲之行，假令晏生在世，己虽与之为仆隶，为之执鞭，亦所忻慕。"司马迁对晏子如此仰慕，甚至心甘情愿做他的"执鞭"奴仆。

那么，司马迁为什么如此"忻慕"晏婴呢？在给晏婴写的传记里，司马迁讲述了两个故事。第一个是"赎救越石父"。越石父是个贤才，不幸被囚禁。晏子外出时，在路上遇到了他，就卖掉为自己驾车的马，把他赎了出来，并将其带回家。到了家门口，晏子没有向越石父告辞，便径直走进室内，过了很久也没出来。越石父请求与晏子绝交。晏子大吃一惊，匆忙整理好衣帽道歉说:"我即使说不上善良宽厚,也算帮助您从困境中解脱出来,您为什么这么快就要与我绝交呢?"越石父回答:"不是这样的,我听说君子在不了解自己的人那里受到委屈,而在了解自己的人面前意志就会得到伸张。当我在囚禁之中,那些人不了解我。你既然受到感动而醒悟,把我赎买出来,这就是了解我;了解我却不能以礼相待,还不如让我在囚禁之中。"于是,晏子就请他进屋并待为贵宾。

第二个是"御者改过"。晏子做齐国宰相时,一次坐车外出,车夫的妻子从门缝里偷偷看她的丈夫。她丈夫替宰相驾车,头上遮着大伞,挥动着鞭子,神气十足,扬扬得意。不久,车夫回到家里,妻子提出离婚。车夫问她原因,妻子说:"晏子身高不过六尺,却做了齐国的宰相,名声在各诸侯国显扬。今天我看他外出,志向和思想都非常深沉,常有甘居人下的态度。而你身高八尺,做的虽是车夫,可是看你的神态,却自以为很满足,因此我要求和你离婚。"从此以后,车夫就变得谦虚恭谨起来。晏子发现车夫前后判若两人,感到很奇怪,就问其原因。车夫如实相告,晏子认为车夫勇于改过,就推荐他做了大夫。

两个故事娓娓动人,天然成趣,于细微处见精神:第一个故事讲的是晏子能虚心接受批评,并重视人才;第二个故事中虽然主角是车夫,但实际是说晏子有敏锐的观察力,能够不拘一格地选拔人才。司马迁对晏子的这些品质十分欣赏,对晏子本人也十分推崇,于是发出了"为之执鞭"的感叹。

需要指出的是,《管晏列传》中对晏婴事迹的记述是比较简略的,司马迁说:"至其书,世多有之,是以不论,论其轶事。"原来,在司马迁生活的时代,关于晏婴事迹的著作是很多的(如《晏子春秋》),晏婴这个人物也是广为人知,所以司马迁不再浪费笔墨,而只记载了上面两则轶事。

那么,晏婴究竟是一个怎样的人呢?他的能力和品质又体现在哪些方面呢?要弄清这些问题,我们就要利用现存的各种典籍,探寻这位出现在春秋后期历史舞台上的人物。

直言敢谏的诤臣

晏婴生活的时代,齐国昔日的繁华已被"雨打风吹去"。对外，齐国霸业已失，晋国的军队甚至打到了齐国的都城临淄。在内部，统治阶级冲突不断，齐庄公由于荒淫无道，被大臣崔杼杀死；由于滥施刑罚，社会上甚至出现了"踊贵履贱"的现象。

为了国家的长治久安和百姓的福祉，作为辅臣的晏婴面对国君的"恶行"和"不作为"，倾尽才智劝谏。

齐灵公不但昏庸残暴，而且爱好也很奇怪，尤其喜欢宫内女人打扮成男人，以至于全国女人争相效仿。灵公见大事不妙，急忙下令禁止，可是屡禁不绝。一次，晏婴见灵公时，灵公对他说："寡人禁女人作男人打扮，违者裂其衣，断其带，可还是制止不了，这是为什么？"晏婴答道："您让宫女这样打扮，却禁止百姓这样做，就像在门外挂牛头而在屋内卖马肉一样啊！您要是下令禁止宫女扮成男人，谁还敢在民间这样打扮呢？"灵公觉得此话在理，于是下令禁止宫女作男人打扮。过了一个月，全国的女人都不再作男人打扮了。晏婴入情入理的劝谏，不但纠正了灵公的怪异爱好，而且消除了其对国家治理的消极影响。

灵公病死后，太子光继位，这就是齐庄公。庄公好征伐，轻道义，生活穷奢极欲。晏婴目睹国君的恶行，痛心疾首，极力劝谏。有一次，庄公不高兴，饮酒时把晏婴召来。晏婴一进门，庄公就命乐工奏乐歌唱："已哉已哉！寡人不能说也，尔何来为？"（算了算了！我心里不高兴，你来干什么？）晏婴坐下后，乐工又唱了三遍。晏婴明白这歌是针对自己唱的，于是离开座位，席地而坐。庄公问："先生陪我饮酒，为什么要坐在地上啊？"晏婴答道："我听说争辩的人要坐在地上。我要和您争辩，怎敢不坐在地上？我还听说，谁要是倚仗人多而不讲道义，依恃强大而不讲礼法，崇尚勇力而厌恶贤能，祸患一定会落在他的头上。我觉得这说的就是您啊！"晏婴的话一针见血，但是庄公听不进去，竟与手下大臣崔杼的美妻私通，最终被崔杼杀死。

齐庄公死后，齐景公继位。景公有一匹心爱的马死了，引得他大怒，下令要把养马的人抓来杀死，并且说，谁要敢提反对意见，就把这人一起杀了。这时，晏婴走上前，左手按住养马人的脑袋，右手拿着刀，一面做出要杀人的样子，一面问景公："请问，古代圣明的国君，在肢解人的时候，先从哪里下手呢？"古代圣明的君主怎么会肢解人呢？经晏婴一问，齐景公自知理亏，一时回答不上来。但他不肯罢休，要把养马人关进牢狱。晏婴对景公说道:"您这样处罚他,他还不知道自己犯了什么罪。现在我来说说这个养马人的罪过,让他明白自己到底犯了什么罪,然后再把他关进监狱不迟。"齐景公点头同意。于是,晏婴向养马人说道:"你的罪过有三条,第一,国君让你养马,结果马死了,这是犯了死罪。第二,死的这匹马是国君最喜爱的马,这也应当判你死罪。第三,因为你没有把马养好,结果使国君因为死了一匹马而去杀人。这件事让百姓知道了,一定会抱怨国君;让其他诸侯知道了,一定会看不起我们齐国。你不但把国君的马养死了,而且使国君遭到百姓的怨恨和邻国的轻视,这还不是死罪吗?应该把你关进牢狱!"齐景公听后,知道晏婴是在责备他,只好说:"先生,您放了他吧!不要损害我爱好仁义的名声!"这些故事充分展现了晏婴的原则性、聪明才智以及进谏技巧。

体恤百姓的良臣

晋国大臣叔向曾问晏婴:"什么样的品德最高尚?什么样的行为最宽厚?"晏婴回答:"没有比爱护百姓

更高尚的德行，没有比与民同乐更宽厚的行为。"叔向又问："什么样的德行最低下？什么样的行为最卑贱？"晏婴回答："没有比苛虐百姓更低下的德行，没有比残害百姓更卑劣的行为。"身为辅政大臣，晏婴深知"君舟民水"的道理。怀着这样的思想，他非常同情百姓的疾苦，关心百姓生活，并劝谏国君要重视民生，要以百姓利益为重。

有一年，阴雨连绵，一连下了十几天。齐国都城附近很多百姓的房子都倒塌了，许多人没有粮食吃，没有衣服穿。而此时，齐景公不仅没日没夜地饮酒作乐，还派人到处找会歌舞的人，为他助兴。晏婴知道了很不高兴，他先把自己家里的粮食、器具分给灾民，然后步行去见齐景公，说："现在雨水成灾，百姓饥寒交迫，简直无法生活下去了。可是您非但不去救济，反而日夜饮酒作乐。您的马吃着仓库里的粮食，您养的狗被喂得饱饱的，您宫室里的侍女也在大吃大喝。您对待自己的马、狗和侍女这样优厚，而对待百姓却那样刻薄。正因为这样，那些饥寒交迫的百姓都不愿意有您这样一位国君了。我身为辅政的大臣，既不能救济灾民给百姓解除苦难，又不能劝止国君贪恋酒色，这是我的罪过。"说完，晏婴就请求辞职。齐景公还没来得及开口，晏婴已经走了出去。齐景公着了慌，赶紧去追。他得知晏婴把自己家里的粮食、器具分给了灾民，很受感动，于是承认了自己的过错，并派官吏去了解灾情，根据实际情况发放物资。

还有一次，齐景公在冬季出游，看到路上有死尸，却表现出漠不关心的样子。晏婴谏言说："从前，先君桓公出游，看到饥饿的人就给他食物，看到病人就给钱让他医治，并下令不得劳民伤财，因此百姓都希望桓公到自己的家乡巡游。现在您出游，沿途四十里之内的百姓都要受到惊扰，竭尽财力供奉您。百姓饥寒交迫，您却不闻不问。夏、商、周三代灭亡的原因，您不会不知道吧？我很为您担心啊！"景公听了幡然醒悟，说："您说得在理，作为一国之君，我只顾自己享乐，却忘了百姓疾苦，我有罪过呀！"于是，景公下令掩埋尸体，开仓放粮，周围四十里的百姓免除劳役一年。

晏婴关爱百姓，并想尽办法劝说、引导国君做对百姓有利的事情，这样就在一定程度上减轻了百姓的负担。

朴素方正的廉臣

晏婴"尚俭",不仅反对国君奢侈浪费,而且身体力行,生活极其俭朴。据《晏子春秋》记载:晏子朝,乘弊车,驾驽马。景公见之曰:"嘻!夫子之禄寡邪?何乘不佼之甚也?"晏子对曰:"……臣得暖衣饱食,弊车驽马以奉其身,于臣足矣。"

这段话的大意是,作为朝廷重臣的晏婴,上朝时乘的是老马拉的破车。齐景公很奇怪,问:"我给你的俸禄难道还少吗?为什么车这么破烂不堪?"晏婴说:"臣无过奢之望,只要吃饱穿暖,有辆破车和一匹老马代步,就很满足了。"

散朝后,齐景公派人送给晏婴高档车马,晏婴坚辞不受。齐景公很不高兴,对晏婴说:"你若不接受,我也不坐这种车了。"晏婴见景公发了脾气,便解释说:"蒙您厚爱,我身居相位,临百官之上。如今国内奢侈之风大行,我作为国相而节衣缩食、驽马弊车,是为了率先垂范。即使如此,我还怕奢靡之风依旧呢!如果我锦衣玉食,还有什么力量去禁止奢侈之风呢?"

从晏婴的话中,我们可以得知,晏婴崇尚节俭的背后不仅是因为他个人品德高尚，更体现了他为官的操守和修养。齐国当时奢侈之风大盛，晏婴以身作则，躬行节俭，力图以政风推动社会风气的转变。唐代诗人武元衡所作《酬李十一尚书西亭暇日书怀见寄十二韵之作》云："高德闻郑履，俭居称晏裘。三刀君入梦，九折我回辀。"这首诗高度评价了晏婴的俭朴作风。

在生活中，晏婴穿的是粗布衣服，一件穿了三十多年的狐皮大衣，也只是在出使他国或参加盛典时才穿。每日正餐不过是糙米饭，只有一荤一素两个菜。据记载，一天晏婴正要吃午饭，齐景公派人来看他，晏婴就把自己的饭菜分成两份，请客人共进午餐。景公知道这件事后，感叹地说道："相国家里竟然如此清贫！"说完立即命人给晏婴送去黄金千两。晏婴不肯接受。景公命人再送，他还是执意不肯收下。当景公命人第三次送来时，晏婴对来人说："请禀告大王，我并不贫困。大王给我的俸禄不仅够我供养家人、接待客人之用，还可以用来接济穷苦百姓。所以，我不能接受额外的赏赐了。"

晏婴拒赏的背后，体现了他"廉"的品质。晏婴强调"诛不避贵、赏不遗贱"，对上要严，对下要宽；对官要严，对民要宽；要节制统治者的贪欲，使百姓富足。他还强调"不持利以伤廉"，也就是说，不能牟取私利而影响廉政。

威武不屈的勇臣

由于齐庄公的无道，大臣崔杼作乱并杀了庄公。为了巩固自己的势力，崔杼和另一个名叫庆封的大臣当了齐国的宰相。他们逼迫文武大臣和大小官员聚集到齐国的祖庙，要求每个人都发誓拥护他们。为此还特意搭了一个两丈多高的台子，下面挖了一个大坑，台子外面是武装的士兵，台子里面也有士兵把守。发誓的人要先把佩带的宝剑摘下来，然后才能走上台。只有晏婴不肯解下佩剑，崔杼虽不高兴，却也勉强答应了。

如果有人不愿发誓，士兵就用戟钩住他的脖子，用宝剑顶住他的胸口，强迫他发誓说："我如果不帮助崔杼和庆封，而去帮助齐国的王室，就会遭到灾祸。"如果誓言说得不够快，就会被当场杀死，已经有七个人被杀了。

轮到晏婴发誓时，他叹了一口气说："唉！崔杼横行霸道,杀掉了国君;我如果不帮助齐国的王室,而去帮助崔杼和庆封这帮坏人,就一定要遭到灾祸!"崔杼大怒,对晏婴说:"如果你改变刚才说的话,那么齐国可以归我和你两个人所有;如果你不改变说法,你看,戟就在你的脖子上,宝剑就在你的胸前,你自己好好考虑吧!"晏婴回答说:"你用武器威胁我,如果我因为你的威胁就丧失气节,改变主张,那就是一个懦夫;你用利禄引诱我,如果我因私利就背弃国君,那就是违反了道义。我晏婴怎能为了利禄而改变节操呢?即使戟钩我颈,剑刺我心,我也不会改变主意的!"崔杼气得要杀掉晏婴,有人提醒道:"不可!您因为国君无道才杀了国君,而国君的大臣有道,您也把他杀了,这不能让人信服啊!"崔杼觉得有道理,就把晏婴放了。

　　崔杼以武力的方式逼迫朝廷大臣屈服于自己,晏婴却不为所动,因为他认为这种方式是不符合道义的,他注重节操,即使有生命危险也绝不屈从。有研究者认为,晏婴的思想大致属于儒家,《礼记·儒行》云:"儒有可亲而不可劫也,可近而不可迫也,可杀而不可辱也。"晏婴的行为颇类于此。

才思敏捷的智臣

晏婴的智慧突出体现在外交方面。

"晏子使楚"是我们非常熟悉的故事,体现了晏婴的外交策略和智慧。晏婴出使楚国,因为他身材矮小,楚王想嘲弄他一番,便在宫墙的大门旁边开了个小洞,请晏婴从小洞进入。晏婴拒绝,并说道:"出使狗国才从狗洞进入,我现在是出使楚国,不应该从此处进入!"楚国接待者听后只好请晏婴从大门进入。

晏婴进入楚国王宫,拜见了楚王。楚王说:"是因为齐国没有别人了,才派您来当使节的吗?"嘲弄之意十分明显。晏婴回答说:"齐国的都城临淄(今山东临淄)有成百条街道,人多极了,人们把衣袖举起来,就能遮住太阳;人们甩掉汗水,就像下雨一样;街上的人肩靠着肩,脚尖踢着前面人的脚跟,怎么能说没有人呢?"楚王说:"既然如此,为什么要派您来呢?"言下之意是,你这其貌不扬的人也能充当使者?晏婴答道:"我们齐国派使节,是要看出使对象的,那些英明能干的使臣,会派他到英明能干的国君那里;而那些愚蠢无能的使臣,就派他到愚蠢无能的国君那里。"楚王听后，哑口无言。

楚王仰仗着国家的强大，非常傲慢，对待外国使臣极不礼貌，想以此彰显国威。但是，晏婴毫不畏惧，不卑不亢，有礼有节，用智慧和巧妙的言语击败了楚王一次又一次的挑衅，为自己更为齐国赢得了尊严。

晏子是诤臣，是良臣，是廉臣，是勇臣，是智臣，他的从政智慧和道德品行备受后世尊崇，成为人们学习的典范。清乾隆帝在游晏婴祠时曾留诗曰："彰君赐固服桓子，执彼鞭犹慕史迁。赢马敝车一时耳，晏城千古属斯贤。"

子产

足以为国基

子产（？—前522），名公孙侨，字子产，春秋时期著名的政治家和外交家。其事迹主要记载于《左传》《史记》等典籍中。子产在郑国执政二十余年，使郑国从内乱不息、外患不止转变为社会安定、道不拾遗、百姓安居乐业。他还在晋、楚两个大国之间纵横捭阖，游刃有余，展现了其高超的政治才能与外交智慧，深受时人和后世的敬仰。清人王源评价子产为『春秋第一人』，与子产同时代的孔子，则赞扬他『足以为国基矣』，乃『古之遗爱也』。

出自《左传》的《子产不毁乡校》是我们颇为熟悉的名篇，体现了郑国执政子产广开言路、善于听取他人意见的进步思想。

　　子产是春秋时期著名的政治家和外交家，他在郑国执政二十余年，使郑国从内乱不息、外患不止转变为社会安定、道不拾遗、百姓安居乐业。他还在晋、楚两个大国之间纵横捭阖、游刃有余，展现了其高超的政治才干与外交智慧，深受时人和后世的敬仰。历史上常把他和管仲相提并论，称"《春秋》上半部得一管仲，《春秋》下半部得一子产"。清代王源评价子产说，"《左传》载列国名卿言行多矣，未有详如子产者也。子产乃终春秋第一人，亦左氏心折之第一人。"(《文章练要左传评》)清代赵青藜《读左管窥》亦云："郑子产，春秋第一流人，其美不胜述。"与子产同时代的孔子，更是对他有着高度的评价，赞扬他"足以为国基矣"，乃"古之遗爱也"。

初出茅庐

子产生活于春秋末期。他出身于郑国的贵族家庭，是郑穆公（前627—前606在位）的孙子。

郑国是西周后期兴起的小国，都城在今天的河南新郑，郑庄公（前743—前701在位）时曾一度强大，此后国势逐渐衰弱。到子产生活的年代，郑国国力已大不如前，周天子也失去了驾驭诸侯的权势，各大诸侯国相互争夺霸权，"礼崩乐坏"的局面不断加剧。郑国处在南北交通的要道上，它南边的楚国，此时早已不遵从周王室号令，求加爵位不成之后便自立为王，并在大肆兼并汉水流域诸国之后，直接面对郑国。郑国北边的晋国，实力也不断强大。晋、楚两国争霸，首先要征服的就是郑国；各诸侯国之间发生战争，也常把郑国作为战场。郑国只能腹背受敌，穷于应付。

子产从小受到良好的教育，博学多才，对事情有着清醒且深刻的认识。郑简公（前565—前539在位）继位前，郑国投靠了晋国，与郑国临近的蔡国却归附于楚国。晋、楚两国相互争霸,水火不容,郑国和蔡国的关系自然也不会好。

郑简公继位后,为了取媚于晋国,派子产的父亲子国和司空子耳领兵侵袭蔡国,俘虏了蔡国的司马公子燮。对于这次胜利,郑国大小官员都欢欣鼓舞,许多人认为这次胜利不仅显示了郑国的实力,而且对加强与晋国的关系也是大有好处的。就在郑国官员正津津乐道于伐蔡的功绩时,年轻的子产却不随众俗,他在各位长辈面前发表了自己的看法:"小国没有文德却有了武功,没有什么祸患比这个更大的了。如果楚国兴师问罪,我们能不屈从吗?屈从于楚国,晋国必然派兵征讨。晋国和楚国轮番讨伐郑国,我们还有安宁之日吗?"此话一出,无疑给正处在欢呼雀跃中的大臣泼了一盆冷水。当然,由于子产年纪尚轻,大臣对他的话也未加理会,一笑置之。倒是子产父亲的脸上有些挂不住,他厉声制止道:"你年纪轻轻的懂什么!国家大事,自有大臣们去处理,用不着你多嘴!"

从事后情况来看,子产绝不是多嘴,而是有着超出众人的见识。他能从实际出发,正视"小国"的现状,对当时晋、楚两国的意图也有着清醒的认识,因而能够透过伐蔡获胜之"喜",看到日后"晋楚伐郑"之"忧",表现出了独到的眼光和远见卓识。

不久,晋国召集鲁、齐、宋、郑、卫等国举行会盟。晋国特意为郑国伐蔡的胜利举行了一次隆重的典礼,郑国的代表得意扬扬地将俘虏的公子燮和战利品献给了晋国。

不出子产所料,会盟后楚国就出兵杀上门来,责问郑国为什么无故发兵侵犯蔡国。面对楚国的大兵压境,郑国的官员惊慌失措,拿不出好的办法。执政大臣子驷和子国等人主张顺从楚国,司徒子孔和子展等人则主张等待晋国救援。两派各讲各的道理,争得面红耳赤,也没有一个结果。最后,子驷只得以压人之势说道:"不要争了,就顺从楚国吧,有错我一人承担。"于是,郑国屈从了楚国。

楚军撤离后,郑国怕晋国前来责难,就主动派人到晋国去解释。虽然说了一大堆理由,但仍无法取得晋国的谅解。晋国的官员说道:"郑国遭到楚国的侵犯,也不派使臣向我们求援,就擅自臣服于楚国,可见你们的本意就是想投靠楚国,谁能阻拦你们这样做呢?我国的国君很快就要派兵到你们的城下,何去何从,请你们拿主意！"

　　果然，晋国调集了盟国的军队，先后两次讨伐郑国。由于郑国的坚决抵抗，晋国才没有占到很大便宜。子产的预言可谓完全应验，他的远见卓识令人钦佩。

　　外患刚刚平息，郑国内乱又起。当初子驷、子国等人一起制定了整顿田界的政策，叫作"为田洫"。这项改革不仅动摇了"井田制"，而且使贵族失去了不少土地，因此贵族对改革者很不满。

　　公元前563年，郑国贵族发动政变并攻入西宫，子驷、子国等人被杀，郑简公被劫持到叛乱者控制的北宫。这次内乱，史称"西宫之难"。

　　叛乱发生后，子产立即派人守护家门，指示有关人员看管好仓库武备。一切安排妥当后，他便集合家兵列队而出，先把自己父亲子国的尸体收殓好，然后向北宫发起猛烈的进攻。最终，叛乱的贵族被击败。

　　此后，子孔担任了郑国的执政大臣。他拟定了一份盟约，规定大小官员都要各守其责，秉承执政的法令，不得干预朝政。对于子孔这种独断专行的做法，朝中的一些官员非常不满，纷纷表示反对。子孔十分恼怒，准备处死一些官员以压制不满的人。子产听说此事，劝告子孔不要无故杀人,应该烧掉那份引发大臣不满的盟约。子孔当然不同意,说:"拟定盟约,是为了安定国家,因为一些人的反对就把它烧掉,那不等于众人当政了吗?国家如何才能治理好?"子产开导他说:"众怒难犯,专权是没有好结果的,用这样的方法安定国家,是危亡的做法。烧掉盟约安抚大家,这样你当执政,大家也会拥护你,不是很好吗?"听了子产的一番话,子孔幡然醒悟,决定烧毁盟约。

子产的所作所为,使他受到了国人的尊重和钦佩,在朝野的声望也越来越高了。

改革旧制,广开言路

子产才能出众,头脑清晰,办事干练,在公元前554年被推举为少卿,由此踏上了从政的道路。十一年后(前543年),执政大臣子皮主动让出权位,并推举子产做执政。此后,子产开始辅佐郑简公处理国家政事,并在内政和外交上有了一番作为。

子产执政之时,面临着难以收拾的烂摊子,可谓内忧外患。但他雄心勃勃,迎难而上。在内政方面,子产采取了三项重大改革措施，即"作封洫""作丘赋""铸刑书"。

首先，"作封洫"。"封洫"指的是田间纵横的水沟。当时大族侵占小族和百姓田地的事时常发生，当年子驷等人的"为田洫"，就是想对土地制度进行改革，但效果很不理想，还引发了内乱。子产"作封洫"是为了公平地把各家的地界固定下来，清理田亩，划定田界，并将大族侵占的土地归还原主。这下又引发了贵族的不满，丰卷"跳得最高"，怒气冲冲地领家兵攻打子产。子产在子皮的支持下，击败了丰卷。

其实，子产在改革中已经注意到了大族的利益，他规定土地可以"从而与之"，即不愿意退还的，按田地的数量纳税；只有不愿意纳税的，才会"因而毙之"，即没收土地。然而，大族的土地原来是不交税的，现在要开始征税，他们当然不愿意。新法公布一年后，郑国流传着一首歌谣："取我衣冠而褚之，取我田畴而伍之，孰杀子产，吾其与之。"大意是计算我家的家产而收费，丈量我的私田而征税，谁去刺杀可恨的子产，我将和他一起这样做。可见，子产成了众矢之的。

然而，子产并没有被反对声吓退，而且子产的土地改革措施是顺应历史发展潮流的。凡是纳税的土地，国家就承认所有者的所有权。那些因交税而拥有土地的人，逐渐成为中小地主，有些人甚至摆脱了"奴隶身份"而成为"自耕农"。随着新法的实施，更多的人从中获得了利益，新法也逐渐获得了人们的认同。三年以后，一首与之前截然相反的歌谣流传开来："我有子弟，子产诲之。我有田畴，子产殖之。子产而死，谁其嗣之？"大意是我的子弟，子产来教导；我的田地，子产让它增加；子产要是去世了，谁来继承他呢？

应该说，"作封洫"在一定程度上削减了贵族的权利，维护和提高了百姓的利益和地位，这是社会进步的表现，为郑国的稳定奠定了基础。

其次，"作丘赋"。最初郑国服兵役的人要自己置备物资。这是因为在井田制下，土地定期分配使用，每个人耕种差不多的土地。然而，在"作封洫"以后，井田制逐渐被瓦解，土地成为私有，有劳动力的人不一定有土地，因此军赋的形式必须改变。

"作丘赋"就是把军赋改为按丘（按土地面积）计算分派，由新的土地所有者承担。这项措施无疑又遭到了不少人的反对。他们公开咒骂子产："其父死于路，己为虿尾。以令于国，国将若之何！"意思是子产的父亲就是被杀害的，现在子产像蝎子尾巴一样毒害着我们，让这家伙去执政，我们的国家将会成什么样啊！一个名叫子宽的大夫想用反对者的意见说服子产，希望他放弃这项改革。子宽添油加醋地说了一通后，威胁说："那些反对的人在我们国家的作用可是不小啊，您帮助国君主持政务，第一要为国家考虑，第二也要为自身安危着想啊！"子产听后，毫不犹豫地说道："只要是对国家有利的，我的个人安危完全可以置之度外。我听说在政治上有作为的人，绝不轻易改变已经实行的法度，如此才能获得成功。人心不可放纵，法度不可改变。"于是，"作丘赋"就这样实行下去了。

作为一个国家的执政，既要制定有益于国家和人民的措施，同时还要相信这些措施可以给国家和人民带来长远利益，这便需要执政者具有能力和眼光。子产做到了这一点。应该说，"作丘赋"是一项适应当时经济和社会发展的改革举措。

最后，"铸刑书"。"作封洫""作丘赋"的改革得以开展以后，百姓的生产积极性提高了，郑国的经济实力和军事力量也不断增强，国势趋于稳定。公元前536年，子产又公布了新制定的刑书。这一次改革,史书上称为"郑人铸刑书"。如今,刑书的内容虽已不可考,但据有关资料分析,主要是鼓励开垦荒地,新开垦的荒地属于开垦者所有,不准他人随意侵占,国家按照规定对土地进行征税等。这些都是适应社会发展的法律条文。

"铸刑书"的重要意义在于,此前的许多案件判定,包括贵族之间的纷争以及贵族和平民之间的争执,基本是以执政者的判定为标准。社会上没有统一的规范,没有法律条文供当事人作为辩护的依据。子产改变了这种状况,他将法律条文铸于鼎上,公布于众,使人们了解、遵循,这在中国法制史上是一大进步。有学者指出,中国历史上第一个制定法律条文并公布于众而作为量刑依据的,首推子产。

从结果看,"铸刑书"逐渐废止了执政者随意滥施刑罚的做法,郑国的贵族、大族也不敢再为所欲为。特别是它对保护郑国新兴阶级的利益、稳定郑国的社会秩序、发展郑国的经济都发挥了巨大作用,既是历史的一大进步,也是关键性的一步。

除了这三项改革措施外,子产还广开言路、知人善任。

子产向来提倡广开言路,《子产不毁乡校》反映的正是这个观点。当时,郑国人经常去乡校,在那里议论执政者的得失。大夫然明提议毁掉乡校,不再让人发表议论。子产深知"防民之口,甚于防川"的道理,提出要将议论者的反馈作为执政得失的标准。然明非常佩服子产的见识。孔子听说子产不毁乡校一事,也是赞叹不已。今天看来,不毁乡校带有早期的民主思想,意在广开言路。后世的开明统治者往往以周厉王为鉴,积极提倡纳谏,也是对子产这一思想的继承和发展。

子产虽为执政,却不大权独揽,而是十分重视人才的选拔和任用,在他身边聚集了一批有各种才干的人,被称为"智囊团"。史籍这样记载:"冯简子能断大事。子大叔美秀而文。公孙挥能知四国之为,而辨于其大夫之族姓、班位、贵贱、能否,而又善为辞令。裨谌能谋,谋于野则获,谋于邑则否。郑国将有诸侯之事,子产乃问四国之为于子羽,且使多为辞令;与裨谌乘以适野,使谋可否;而告冯简子使断之;事成,乃授子大叔使行之,以应对宾客。"如此知人善任,"是以鲜有败事"。

在用人上,子产也采取公正的态度。比如,子皮推荐其家臣尹何为官，子产不因子皮对自己有推荐之恩有所偏袒，而是看此人适不适合这个职位，如果不适合，不仅会危害国家，也会害了这个人。子产执政时，郑国卿大夫的办事能力受到了各国的好评和后人的称赞。

子产改革内政的一些措施，使郑国重新出现了政通人和的政治局面，子产也因此受到人们的认可与爱戴。孔子评价子产"有君子之道四焉：其行己也恭，其事上也敬，其养民也惠，其使民也义"。有一次，子皮到齐国迎亲，齐国丞相晏子马上站起来要去拜见，陈桓子不解，晏子说："他能够做主选用像子产这样的贤人，这是很了不起的，对于这样的君子，我们难道不应该立即去向他请教吗？"

出色的外交活动

改革内政，显示了子产作为政治家的风范；此外，子产还是一位出色的外交家。子产任执政之前就曾出使各国，显示出非凡的外交才干。他以善于外交辞令闻名于诸侯。孔子所谓"言之无文，行而不远"，就是针对子产的善于文辞所发的感慨。子产的外交方针是"善事大国",重在一个"善"字,用今天的话说,就是有高超的外交手段和巧妙的外交辞令。郑国在险恶的环境中能够周旋于大国之间,赢得二十多年相对安定的局面,的确与子产的外交活动分不开。

公元前542年,鲁襄公去世。子产以新任执政大臣的身份陪着郑简公到晋国朝贡。晋平公摆起了盟主的架子,以哀悼同姓(晋、鲁同为姬姓)的鲁襄公为借口,刁难郑国,不肯及时接见,而且一拖再拖。对晋国这种傲慢无礼的行为,郑简公及子产都很愤怒。于是,子产以晋国旅舍的大门狭小容不进车马为由,令随从将旅舍的围墙拆毁一段,以此激怒晋国国君。

子产的行为果然激怒了晋平公,他立刻派大臣士文伯前来责问。子产早就胸有成竹,不慌不忙地回答:"我国是个小国,又不幸处在晋、楚两个大国之间,朝贡无时,居不安席,只得尽我所有来给大国。谁知又逢贵国国君有事,不能及时接见,也不知道哪一天才有空闲。"接着,他说起晋文公优待各国使节的事:"当初晋文公在位时,自己住的宫室很狭小,没有供游赏的亭台楼阁,而招待各国使臣的旅舍却高大明亮,就像今天晋国国君的宫室一样。使者一到,按时接见,从不耽误。

与使者同忧乐，使者有困难，随时帮助解决。那时，使者来到贵国就如同到了家一样舒服。而现在呢，使者来了，却住简陋的屋舍，大门小得进不去车马，而且也不及时接见，如果贡品损坏，则是我们没有保护好的罪过。所以不拆掉围墙，让我们怎么办呢？"

这番议论令士文伯理屈词穷，灰溜溜地回去报告。当时的晋国执政大臣赵文子感慨道："是啊，我们确实理亏，用这样的房屋接待诸侯，实在说不过去。"于是，他命士文伯向郑国国君道歉。

不久，晋平公举行隆重的仪式接见郑简公一行。他们辞行时，还举办了一场盛大的宴会。晋国的大臣叔向夸赞说："辞令不可废弃就是因为这吧！子产善于辞令，诸侯都靠他得到了好处，怎么能放弃辞令呢？"

又有一次，晋国的执政大臣韩宣子出使郑国。韩宣子有一只玉环，据说原来是一双，其中一只不知怎么落到了郑国商人手中。公事办完，韩宣子就向郑国国君提起玉环的事。子产不同意把玉环送给韩宣子，说道："玉环不是国库的官藏之物。"子大叔等人对子产说："韩宣子所求不多，晋国又不好得罪。您何必为了一只耳环而得罪大国呢？"子产说："我并不是轻视晋国，而是为了两国的长久友好。如果对大国有求必应,其欲壑必将难填。有时给,有时拒绝,危害将更大。对于不合理的要求,如果不及时拒绝,他们就会得寸进尺,我们的国家将不复为国了。"

后来,韩宣子想从商人手里买这只玉环,经子产的一番劝说后,也打消了这个念头。韩宣子要回国的时候,私下对子产说:"您让我舍掉玉环,赐给我金玉良言,使我的名声免于败坏,真是要由衷地感谢您啊!"

还有一次,郑国发生火灾,子产命令国人武装起来登上城墙,加强警戒。正卿子大叔担心晋国来问罪,子产回答说:"吾闻之,小国忘守则危,况有灾乎?国之不可小,有备故也。"加强防备正是为了防止他国趁火打劫。后来,晋国果然前来责备郑国,子产说,晋国既然关心郑国,如果郑国不加强防备,其他国家乘虚而入,就会连累到晋国的。郑国一心侍奉晋国,并不敢有二心。晋人无言以对,只好作罢而去。

子产在处理外交活动时不屈不挠,维护了国家的主权和尊严,巩固了国家的独立地位。就上述事件来看,其外交活动有以下特点:其一,辞令有理有据,是在准确估量自身实力和对方政治的基础上做出的判断。其二，外交的成功和郑国自身的国力是分不开的，子产执政后实行一系列改革措施，使郑国逐渐强大起来，这是其外交事宜成功的保障。内部的改革及外交的成功，也使子产得到了人们的称赞，其执政地位更加稳固。其三，外交辞令文采斐然。其四，在外交活动时不忘国家的尊严，正是体现了富贵不淫、贫贱不移、威武不屈的气节。

据《史记·郑世家》记载，鲁昭公二十年（前522年）子产病逝，郑国人民像失去了亲人一样，无不哀悼痛哭。子产之得人心，由此可见。

子产是在郑国外患频仍、内乱迭起、民生凋敝的情况下出任执政大臣的。他不负众望，以"救世"为己任，充分发挥了自己的智慧和才干；以国家利益为重，内理国政，外御强敌，治理郑国二十一年，政绩卓著，堪称春秋时代一位杰出的政治家和外交家。

董仲舒

天人三策

董仲舒（前179—前104），西汉广川（今河北衡水市）人，我国古代著名思想家、政治家、教育家、哲学家和今文经学家。其主要事迹记载在《汉书·董仲舒传》中。董仲舒治"公羊春秋"，汉景帝时任博士。汉武帝时，诏举贤良方正直言极谏之士到京城应诏对策，于是董仲舒上对策三篇，即著名的"天人三策"，其中系统地提出了"天人感应"、"大一统"学说和"罢黜百家，独尊儒术"的主张，为汉武帝所采纳。从此儒家思想成为中国封建社会的正统思想，影响深远。

纵观我国古代历史，总的发展脉络是从分裂向统一发展、从区域的统一向全国的统一发展。特别是自秦灭六国建立中央集权制的国家以来，两千多年的时间里，全国统一于一个政权之下的时间占了大多数，即使出现分裂，占据一方的各个政权也莫不厉兵秣马，以重新实现全国的统一为最终目标。时至今日，这种"大一统"的观念，已经深入国人的血脉，成为祖先留下的珍贵文化遗产，也是我们维护国家主权、领土完整的思想根源。

"大一统"观念的形成有一个历史过程。孔子虽然主张"礼乐征伐自天子出"，却不曾要求废除诸侯国。秦始皇吞并六国以后，朝中也有主张重建诸侯国、分封皇子为诸侯王的声音。到秦末农民战争推翻了秦王朝以后，楚霸王项羽更是重新实施分封制。汉高祖刘邦适应形势也分封了功臣、皇子为诸侯王。汉朝能够巩固中央集权，弱化诸侯王的势力，是经过文帝、景帝、武帝三代的努力才得以实现的。在这个过程中，董仲舒的"大一统"理论起到了重要的作用。

汉初儒家与董仲舒

西汉建国初期，由于秦末连年兵燹的缘故，国家经济凋敝，人民生活非常困苦。在这种情况下，汉初统治者倡导清静不扰的政治路线，把黄老学派的理念作为治国方针。相应地，儒家之学则被评价为"博而寡要，劳而少功"的屠龙之术。司马迁的父亲司马谈就曾说："夫儒者以六艺为法。六艺经传以千万数，累世不能通其学，当年不能究其礼，故曰'博而寡要，劳而少功'。若夫列君臣父子之礼，序夫妇长幼之别，虽百家弗能易也。"在他看来，儒学的长处在于通过礼法维护社会秩序。但他又认为，儒者主张"主倡而臣和，主先而臣随"，会导致"主劳而臣逸"的局面，不符合无为之道。司马谈的这段话，基本反映了汉初非儒家学者对儒学的看法。

其实，所谓主倡臣和、主先臣随，充分反映了儒家对上下之序、君臣之别的重视，这恰恰是汉朝统治者所需要的。汉朝建立后不久，汉高祖刘邦召集功臣列侯宴饮，这些功臣多是以军功起家的大将，对礼节很不在意，他们边喝酒边争论功劳大小，喧哗不止，喝醉了以后更是一时兴起便大喊大叫，甚至还有拔出剑来砍宫殿柱子的。刘邦虽然素以旷达著称，但此时毕竟已贵为天子，看到功臣这个样子，不由得"心厌之"。这时，名儒叔孙通适时地向刘邦进言，建议制定一套朝会礼仪，以规范秩序，高祖就让叔孙通负责此事。叔孙通带着一班儒者，制定了一套既简易又不失帝王尊严的礼仪献给刘邦。刘邦将叔孙通所定的礼仪在朝会上试行，群臣表现得"震恐肃敬"，再也不敢喧闹了。朝会后，刘邦赞叹道："我今天才知道做皇帝的尊贵啊！"于是，任命叔孙通为奉常（主管宗庙祭祀、礼仪制度的高级官员，为九卿之一，后改称太常），其他参与制礼的儒者也都被任命为郎官。此后，一批儒家学者陆续入仕，以自己的学识博得了朝廷的信任与重用，甚至有官至御史大夫（地位仅次于丞相）的。董仲舒就是这些儒家学者中的杰出人物。

董仲舒是西汉初期广川（今河北衡水）人，以研究"公羊春秋"著称。汉景帝时，朝廷因重视他的学问征召他为博士。所谓"博士"，是秦朝设置的一种顾问性质的官职，多由博古通今的学者充任，汉朝因之不改。博士平时充当官学的老师，向弟子传授学术知识，当朝廷有要事时，则有贡献意见的责任。博士的秩次（相当于今日所说的"级别"）为比六百石，能够与闻朝廷大政。如遇升迁，则常出任诸侯王的太傅，以正理辅导、约束骄慢不法的诸侯王。

　　董仲舒出任博士后仍然精勤学问。他为了不分心，在学堂里拉上帷幕，在幕后专心讲诵，学生则隔着帷幕听讲，有的学生甚至就没和董仲舒见过面。不讲课时，董仲舒闭门读书，当时流传着他"三年不观于舍园"的佳话。在景帝、武帝之交的时代，他真算得上当世的一位名儒了。

　　然而，董仲舒并不是"死读书、读死书"的腐儒，他所治的"公羊春秋"之学，是与现实政治紧密结合的学问。公羊学派的学者认为，孔子在政治上不得志，没有实现理想的机会，因而通过撰作《春秋》，将自身的理想寄托于其中。《春秋》一书对人物的称谓方式，对事件的陈述方式都经常发生变化，是因为孔子对不同的人物、事件有不同的看法，这就是古人所谓的"微言大义"。公羊学派学者研究孔子的这些表述，总结出一套孔子褒贬人事的原则，称为"《春秋》之义"。他们将这些原则运用在实务中，与汉朝的实际情况相结合，即做到了以儒家理论解决现实问题。董仲舒将这一传统发扬光大，其最集中的体现就是令他名垂千古的"天人三策"。

"天人三策"在，不废万年传

前面提到过，汉朝初年统治者崇尚清静不扰的治国思路，反映在学术上就是主张"无为而无不为"的黄老之学占据上风。固然也有儒生得到皇帝的欣赏和重用，但就整体而言，儒家学说并没有得到充分施展的空间。

汉武帝继位后，有志于以儒学提拔他曾经的老师——名儒王臧为郎中令（宫廷的侍卫总管，也是九卿之一），另一大儒赵绾也被推举为御史大夫，想以此为契机推行儒家封禅、改正朔、立明堂的理想政治路线。于是，汉武帝元光元年（前134年），武帝下诏命丞相、御史大夫、列侯、九卿、郡国守相等推举贤良方正直言极谏之士，获得推举的人都聚集到京城长安，应诏对策。景帝时已颇有名气的董仲舒也是被推举的"贤良"之一。

所谓"对策"，是指皇帝下诏提出问题，被问之人以作文章的形式回答的一种活动，从提问人的角度来说，又可称为"策问"。汉武帝在策问贤良时先后下了三次提问的诏书，每篇诏书都提出了一大串问题。我们不妨对这三篇诏书的中心思想做简单总结：第一次问的是取法古圣先王有没有意义，怎样才能避免灾异（古人把自然灾害和奇异现象合称"灾异"，认为都是不祥之兆），实现天下太平；第二次问的是古代圣王治国理政情况各异，是否意味着帝王之道本就有所不同；第三次则是要对策之人再次就前两问详细阐述自己的观点。不言而喻，武帝是要通过策问的方式，找到一个可靠的未来的治国方针。董仲舒对诏书的回答，就是历史上著名的"天人三策"。

在"天人三策"中，董仲舒运用儒家学说，特别是《春秋》之义，详细阐释了"天"与"人"的关系。他认为，从历史记录看，如果人间的帝王做了不合道义的事情，"天"就会降下灾异来警示帝王，让他醒悟，如果帝王仍不悔改，上天就会让他败亡。真正的王者秉承天意行事，所以推行德教，而不倚任刑罚。正因为君主应以天道为依归，所以要让自己的行为上体天意，并以此引领治下的人民。这就是所谓"为人君者，正心以正朝廷，正朝廷以正百官，正百官以正万民，正万民以正四方"。他反对以出身、财产和资历为标准任用官员，建议让列侯、郡守与二千石之官每年从治下选拔贤才两人，荐举到朝廷，任命为郎官，让他们在皇帝身边做事，并经过进一步选拔，逐渐出任县令、郡守。这种选贤任能的办法，无疑比以前纯凭父兄官职和家庭资产标准用人的方式好很多。此外，董仲舒还在对策中抨击了当时官府剥削百姓、夤缘为奸的一些做法，认为应该禁止官员以权谋私。这些在当时都是较为进步的思想，在今天仍有借鉴意义。

当然，"天人三策"中最重要，也是对后世影响最大的观点就是著名的"《春秋》大一统"。这里的"大"，应该解释为"重视、尊重"的意思，也就是说，《春秋》尊重"一统"。这个"一统"，原指的是天下的诸侯、人民都受周天子的统治，尊重其权威。《春秋》记事时在"正月"前加"王"字，就是这一思想的体现。董仲舒将其进一步引申为"天地之常经，古今之通谊"，认为

"今师异道，人异论，百家殊方，指意不同，是以上亡以持一统，法制数变，下不知所守"，建议禁止不属于"六艺之科、孔子之术"的"邪辟之说"，认为这样可以形成稳定而统一的纲纪，人民就知道何去何从了。班固将董仲舒的这番言论总结为八个字：推明孔氏，抑黜百家。这也是汉代著名的"罢黜百家，独尊儒术"一语的最初来源。

　　董仲舒之所以会在对策中提出"大一统"的观点，一方面固然是受到"公羊春秋"通说的影响，但时代背景或许是更重要的因素。在汉武帝以前的时代，汉朝还没有彻底完成中央集权体制的建设。汉高祖刘邦打下江山之后，分封了七个异姓诸侯王，后来刘邦生前消灭了其中的六个，但他没有将这些王国收为直辖郡县，而是另外封了自己的兄弟、子侄为诸侯王，去统治这些地区。这些同姓诸侯王在高祖、惠帝时期还不敢胡来，后来随着享国日久，他们在封国的权势越来越大，与皇帝的亲戚关系也越来越疏远，于是各种各样的阴谋就出现了。在汉景帝时，就爆发了一场同姓诸侯王的大规模叛乱，史称"吴楚七国之乱"。汉景帝派大将出征，最终平定了这场叛乱，参与叛乱的诸侯王或自杀，或被杀，汉朝中央的权威由此得到了加强。董仲舒倡导"大一统",与景帝时期中央集权得到强化的历史背景是分不开的。

七国之乱虽然被平定,但尚存的其他诸侯国仍有一定的独立性,特别是那些辈分高、封国大的诸侯王,皇帝平时还要对他们表示尊重,实在难以控制。如在汉武帝刚登基时,他的叔祖父淮南王刘安就觊觎帝位,后来竟发展到阴谋叛乱的地步。武帝的兄弟被封为诸侯王的,也大多骄恣淫乱、不守规矩。董仲舒强调"大一统",实际就是主张从思想上树立朝廷的权威。皇帝以确立了官方地位的儒家思想"正朝廷""正百官""正万民""正四方",诸侯王国自然也在被"正"之列。所以我们可以说,董仲舒"大一统"的思想,既是汉代大一统国家日渐强势的产物,又是大一统局面继续发展的重要推动力。

董仲舒的"大一统"理念,与年轻的汉武帝非常合拍。对策结束后,丞相卫绾秉承武帝的意旨,上奏:"所举贤良,或治申、商、韩非、苏秦、张仪之言,乱国政,请皆罢。"这正与董仲舒在对策中的建议若合符节。在大批治法家、纵横家之学的"贤良"被罢的同时,董仲舒却由秩六百石的博士被直接提拔为秩二千石的江都相，进入汉朝高级官员的行列。据历史记载，江都王刘非是汉武帝的兄长，以"素骄好勇"著称，但他对明礼义、知天象、博学多闻的董仲舒却十分敬重，也能接受逆耳的谏诤，这或许与汉武帝歆慕儒学，以及董仲舒在对策中表现卓越、天下闻名有一定关系。

然而在帝都长安，汉武帝充满热情的更化运动很快就夭折了。临朝听政的太皇太后窦氏（即"窦太后"，是汉文帝的皇后）本来就不喜儒家学术，又得知赵绾奏请皇帝"毋奏事太皇太后"，要把她从权力中心排除出去便更加生气，于是派人刺探到赵绾的把柄，逼迫武帝将其下狱，最终赵绾自尽。此后，在窦太后的压制下，汉武帝被迫改变路线，废除了一系列遵循儒家学说制定的政策。董仲舒幸而未被波及，在江都做了一段时间的太平国相后因故去官，不久又被起用为中大夫，回到了长安这个政治权力中心。只是，他的"大一统"理想，还能实现吗？

今古独崇下马陵

幸运的是，汉武帝是一位有志作为的英主，他既不甘心永远在窦太后的阴影下亦步亦趋，也不愿意让诸侯王和地方豪族继续恣睢横行。建元六年（前135年），窦太后去世。次年，汉武帝改元元光，又开始推行之前被迫中断的一系列政治措施。元光元年（前134年）冬十一月（当时的历法以十月为岁首），武帝下诏，命郡国各举孝廉一人，这正是对董仲舒"使诸列侯、郡守、二千石各择其吏民之贤者，岁贡各二人以给宿卫"建议的实践。五月，武帝复诏贤良对策，与董仲舒同治"公羊春秋"的公孙弘在应诏贤良中脱颖而出，被拜为博士，待诏金马门，成为武帝朝堂的一颗政治新星；董仲舒的弟子吕步舒等也都陆续受到擢用。儒家，尤其是公羊学派一时风光无两。纵观汉武帝时期，中央集权不断加强，地方王国势力逐渐被削弱，统一的多民族国家得到发展，这都是董仲舒"大一统"思想被重新实践的结果。

然而，此时的董仲舒却卷入了一场大风波中。就在窦太后去世前不久，先是官方在辽东郡设立的高祖祭庙起火，接着又是高祖陵园的便殿遭了火灾。祖庙、陵园的建筑着火，在古人看来是上天震怒、动摇根本的大事，汉武帝深感戒惧，穿了五天素服，以表修省之意。

董仲舒此时在长安任中大夫，实际是皇帝的高级侍从，并兼有参议政事的职责。他既有顾问的责任，又精通儒家的阴阳灾异之说，故而在家中私下推究这两场火灾的"天人感应"之理，并据此写成了文章的初稿，这大约是元光元年末的事情。此时，汉武帝的新宠臣主父偃来拜访这位久负盛名的学界名人、官场前辈，见到董仲舒的这份草稿，又羡又妒，遂趁董仲舒不备窃而取之，随后便充为己作奏上武帝，欲以此进一步博得天子宠信。

汉武帝看到这份文稿，因知道主父偃也治"春秋"之学，并未加以怀疑，遂召来在朝廷任职的一众名儒，命他们审阅文章，判断其价值。主父偃未遇时，长期不齿于儒林，此时虽已成为天子宠臣，诸儒犹以旧时眼光看待他。董仲舒弟子吕步舒亦在诸儒之列，对主父偃所奏上的文章抨击尤为猛烈，谓为"甚愚"，却不知此文实是其师的大作。既然诸儒如此反对该文的观点，则武帝必以诸儒之言责让主父偃，主父偃便将董仲舒供出以减轻自己的责任。此事一出，董仲舒因是文章确定无疑的作者遂被下狱，廷尉——当时的最高法官推问一番后，竟将他定了死刑。幸而武帝尚算明君，心知董仲舒是为主父偃所累，于是诏赦其"罪"。董仲舒虽然得以幸免于难，甚至出狱后仍继续居官在朝，但已是惊弓之鸟，从此便不敢再谈灾异休咎了。他的弟子吕步舒也因此事成了后人心目中叛师之徒的典型，这也是让人啼笑皆非的事。

然而，董仲舒的不幸还没有结束。在贤良对策中脱颖而出的公孙弘，既能承顺人主之意，又济之以博学高才，所以仅一年即由博士升到左内史。虽然论才学、事迹，公孙弘算得上汉武帝时的一位名臣，但其人对武帝不敢面折庭争，却是一个大缺点。董仲舒说他"从谀"，并不算是毁谤，然而自此公孙弘便对董仲舒怀恨在心。后来，武帝的另一位兄长胶西王刘端缺少国相，公孙弘就向武帝推荐董仲舒道："独董仲舒可使相胶西王。"武帝大概想到董仲舒之前做江都相有政绩，且能劝谏这位骄而好勇的兄长，就同意以董仲舒为胶西相。

董仲舒此次赴任胶西，与去江都为相可是大不相同了。江都王刘非对董仲舒的劝谏还是能听得进去的，而且除了性情骄奢和招聚宾客外，也没有太严重的不法行为。胶西王可不一样，据《汉书》记载，刘端在封国做了很多不法的事情：国相到任之后，如果依法治理当地，他就想方设法探求国相的错处向朝廷报告，使其去职；找不到瑕疵的，就找机会毒死。如果国相阿谀胶西王，不以法约束他的行为，则迟早会得罪朝廷，也免不了或死或罢的下场。所以胶西虽是小国，却先后杀伤二千石高官甚多。公孙弘推举董仲舒出任胶西相，简直就是把他送进了龙潭虎穴。

董仲舒虽然心知公孙弘"举荐"他为国相不安好心，但君命难违，也只有勉强赴任。好在刘端也知道董仲舒是当世大儒，更是自己那位皇帝弟弟看重的人，所以对董仲舒多少有些另眼相看，保持了一定的尊重。但在董仲舒而言，做胶西相仍然是一件非常艰难的事情。虽然《汉书》本传记载他"正身以率下，数上疏谏争，教令国中，所居而治"，表现出了儒者的浩然正气，但他终究不能在这样一位"骄王"的封国内安身立命，于是在做了一段时间的国相之后，便托病辞职了。

回到长安的董仲舒已经接近暮年，他不愿再沉浮于宦海，自此便在家中著书治学。武帝依然尊重他的才学，每当朝廷有大事商议时，总是派人去询问他的意见，他也会根据经义一一对答。他的子孙和弟子颇有以经术致高位的，如吕步舒就曾奉命究办淮南王刘安的谋反大案，官至丞相长史，名震一时。而董仲舒本人却只究心学术不问产业，算是长安的一位"隐者"，后来寿终正寝。

汉武帝时代是我国历史上著名的盛世，文武名臣层出不穷，其中的佼佼者往往封侯拜相。相对来说，被后人称赞为"有王佐之材，虽伊、吕亡以加"的董仲舒却以家居著书而终其身，似乎显得太寂寥了。然而，较那些今日已经湮没无闻的将相大臣，董仲舒又是幸运的，因为他一直在被百姓用另一种方式纪念着。历代的有识之士在继承他"大一统"思想的同时又有所发展，并为维护国家的统一，防止政权分裂出谋划策、贡献力量。今天陕西西安有一个名为下马陵的地方，俗称虾蟆陵，当地人说是董仲舒墓所在之处，并说武帝出行过墓而下马致敬，遂有了"下马陵"之名。据《太平寰宇记》记载，董仲舒墓应在汉武帝茂陵周边，即今天的陕西兴平境内，与西安的下马陵没有任何关系。然而，在民间出现这样的传说，充分反映了历代百姓对董仲舒的景仰之情。这正是：

任道虽言世所憎，是非终在自堪凭。

汉朝冢墓知多少，今古独崇下马陵。

张骞

凿空西域

张骞（？—前114），西汉汉中郡城固（今陕西城固县）人，我国历史上杰出的外交家、旅行家、探险家，丝绸之路的开拓者。他的事迹主要记载在《史记》的《卫青列传》《大宛列传》和《汉书》的《张骞传》《西南夷传》《西域传》中。近代著名思想家、史学家梁启超评价张骞是"坚忍磊落、不屈不挠之奇男子""世界史开幕一大伟人也"（《张博望班定远合传》）。

历史上，我国与其他国家、其他文明的交往和交流始终是很频繁的，即使在"闭关锁国"的明清时期，也一直与遥远的欧洲国家保持着贸易关系乃至官方往来。在这几千年间，我国有很多人"走出去"，为加强中国与其他国家、中华文明与其他文明的交流做出了卓越的贡献。其中，最为我们所熟悉的，当属西汉时期的张骞了。

两次出使西域

张骞是汉武帝时期的人，距今已经有两千多年了。西汉自建立起，就一直被北方的匈奴困扰。汉初的高祖、惠帝、文帝、景帝四朝，由于国力有限，国内局势不够稳定，对匈奴基本采取以防御和结好为主的方针。武帝继位后，匈奴仍不时侵扰汉的边郡，于是武帝决定对匈奴开战。当时有从匈奴逃亡到汉地的降人，武帝向他们询问匈奴的情况。降人说，匈奴刚刚打败了月氏，不但杀了月氏王，还把他的头做成了酒杯，月氏人被迫西迁，一直痛恨匈奴，可是又找不到共同攻打匈奴的盟友。武帝得到这个消息后，下令招募敢于出使月氏的人。张骞当时正好在朝中做郎官（汉朝的低级官员，通常充当皇帝的随从和卫士），就主动报名应募。武帝批准了他的请求，组织了一百多人的使团，以张骞为使者，持节出使月氏。

月氏人最初居住在今天的甘肃张掖、敦煌一带，依祁连山而居，被匈奴打败后远迁中亚。张骞作为汉朝的使者想要联络月氏人，必须首先穿过匈奴人活动的区域。为了避免和匈奴人遭遇，也为了不迷路，这次张骞出使带了一个归降汉朝的匈奴人做向导，他的名字叫堂邑父。

可惜天不遂人愿，虽然有堂邑父指引，但张骞的使团还是被匈奴人俘获了。匈奴的最高统治者——称为"单于"——得知张骞奉命出使月氏，说："月氏在我们匈奴的北边，你们想越过我们去联络，这怎么可以？我如果派人出使汉朝以南的越地，你们会答应吗？"于是就把张骞等人扣留在匈奴。单于为了软化张骞的意志，还赐给他一个匈奴女子做妻子。张骞自此困居在匈奴，和匈奴妻子生儿育女，但始终好好保存着作为汉朝使者身份象征的节杖。

一晃十年过去了，大概是看到张骞等人没有"异动"，匈奴人逐渐放松了对他们的监视。张骞抓住这个机会，逃出了匈奴的势力范围，按照事先所了解的信息一路往西，向月氏进发。走了几十天，到达大宛国。大宛国王之前已经听说汉朝非常富有，却无法和汉朝建立起联系。张骞这次来到大宛，正符合大宛国王的愿望。他派人送张骞到北方的康居国，康居国又派人送张骞到大月氏（西迁的月氏人被称为"大月氏"，留居在祁连山一带的被称为"小月氏"）。此时的大月氏已经西迁多年，不但在中亚占据了肥饶的牧场，而且征服了大夏（现今阿富汗一带的巴克特里亚王国）。由于距离匈奴太远，他们对匈奴已经没有以前那么仇恨，而且要与万里之外的汉朝联合打击匈奴更是有着种种困难。张骞最终也没有找到劝说月氏与汉朝联合的办法。从这个角度说，这次张骞的出使是不成功的。

然而，评价张骞的这次出使，不能单纯用是否达成使命来衡量。从匈奴逃出后,张骞便身处汉朝时所谓的"西域"地区,所到之国或许对汉朝有所耳闻,但之前既无官方的往来,也没有通商渠道。张骞到达大宛、康居、月氏、大夏等国,可以说是汉朝政权第一次与这些地区建立联系。司马迁在《史记·大宛列传》中记载"张骞凿空",也就是说,张骞在充满险阻的西域第一次开辟了一条汉朝与西域之间的通使之路。从世界历史的角度看,东亚和中亚以张骞的出使为机遇,从此紧密联系在一起,而且在此后的两千多年里基本未曾中断,这是张骞最大的历史功绩。

张骞在月氏周历游说了一年多,还是无法获得结盟的允诺,只得带着使团回国。与来时不同,张骞没有选择从匈奴活动的区域通过,而是决定取道帕米尔高原——从当时所谓的"羌地"回到汉朝境内。不幸的是,在返程时他们又被匈奴人俘获,扣押了一年多。直到匈奴单于去世,国内发生动乱,张骞才得以从匈奴逃脱,回到汉朝。这时,距他奉命出使的建元元年(前140年)已经过去了十三年之久,出使时一百余人的使团,回到国内的只有张骞和他的匈奴妻子,以及向导堂邑父。

张骞历经千辛万苦归来,对于汉武帝来说属于意外的惊喜。此时，汉朝和匈奴已经有过几次大规模交战，但汉朝对匈奴的情势以及匈奴周边各国的情况还不太了解。张骞向武帝汇报了出使的经过，以及他所了解的西域各国情况。其中，大宛、大月氏、大夏、康居四国是他所亲历的，乌孙、奄蔡、安息、条支等国他则没有去过，上报的信息来自旅程中收集到的传闻。这些信息对汉朝与西域各国建立联系，打击匈奴在西域的势力很有帮助，客观上也促进了汉朝与西域的贸易往来和民间交流。

不仅如此，张骞在大夏时，曾在市场上见到产于蜀地（今四川）的邛竹杖和细布，商贩告诉他这是从身毒国（在今印度）贩运过来的。张骞根据自己的行程，推算大夏在汉朝西南一万两千里左右的位置，又听商贩说身毒国在大夏东南数千里，他据此推断蜀地距离身毒国不远，认为如果通过蜀地向西南进发应该可以找到身毒国，进而开辟一条直达大夏的驿路，这条路会比经过羌地或匈奴到大夏更近，也更安全。武帝对此很感兴趣，安排了四支使团探索这条路线。由于种种原因，汉朝使团的目的虽然没有实现，却加深了汉朝对西南地区的了解，加强了汉朝对这里的统治。

当然，对于武帝来说，张骞归来最大的意义在于有了一个熟知匈奴情况的向导。元朔六年（前123年），张骞随大将军卫青攻击匈奴，因他熟悉北方地理，总能找到水草丰茂、适合扎营的地方，极大地缓解了汉军的后勤压力。出征归来，武帝将之前出使西域的功劳与从征之功合并计算，封张骞为博望侯，后因故除封。

此后，汉武帝又向张骞询问大夏等国的情况。张骞建议武帝加强与乌孙人（在今伊犁河流域游牧）的交往，认为拉拢乌孙既可以打击匈奴，也有利于联系大夏等国。于是，武帝任命张骞为中郎将，并命他携带厚礼，率三百人规模的大使团出使乌孙。同时，武帝还给张骞配置了多名副使，允许他根据需要派遣副使前往其他国家。张骞到乌孙后，一方面向乌孙王和大臣宣扬汉朝的强大，促使乌孙王派出使者随他回访汉朝；另一方面派遣副使出使大宛、康居、大月氏、大夏、安息、身毒等国，建立汉朝与它们之间的官方联系。

张骞的这次出使，既是汉朝第二次派遣使团沟通西域，也是规模最大的一次。张骞带回了几十名乌孙使者，这些使者不仅向汉朝献上骏马表示友好，而且目睹了汉朝的强大，确定了与汉朝结亲的方针，这如同在匈奴的势力范围内扎了一颗钉子。此外，大宛、康居、大月氏、大夏、安息、于阗等国，或服属汉朝，或遣使报聘，汉朝与西域的关系逐渐密切起来。西域之路能够开辟，张骞的贡献是不容忽视的。

张骞回国后，被晋升为主管外交的"大行"，位列九卿，一年多以后就去世了。但是，由于张骞受到西域各国的信服，此后汉朝派往西域的使者仍然自称传达博望侯的意旨，他们也确实因此受到西域各国的信任。张骞在西域各国的威信，由此可见一斑。

张骞之后的西域经营

在张骞之后，汉朝与西域的交往日益密切，形成了所谓"南北两道"。"两道"均以西汉都城长安为起点（东汉时为洛阳），经河西走廊到敦煌。从敦煌开始分为南、北两条路：南路从敦煌经楼兰、于阗、莎车穿越葱岭到大月氏、安息，往西到达条支、大秦；北路从敦煌到交河、龟兹、疏勒穿越葱岭到大宛，往西经安息到达大秦。不难看出，这两条路线的雏形，就是张骞第一次出使西域时往来的行程。

随着汉朝对西域影响的扩大，以及匈奴的北迁，通往西域的两条路线越来越安全。很快，不仅国家派遣的使者，连商人也走上了"南北两道"。西域的特产如骏马、珠玉、琉璃、香料，以及葡萄、石榴、核桃、胡萝卜、黄瓜等果蔬，不断涌入汉朝；相应地，来自汉朝的丝绸、铜镜，以及当时汉朝特有的技术如凿井等，也随着商队进入西域。尤其是丝绸，当它被运达中亚后，会被转手卖给萨珊波斯的商人，往往还会再经过一次转卖，才到达埃及人、罗马人的手中，成为价比黄金的奢侈品，也成为地中海地区文明对遥远中国的最初印象。正因为丝绸在这条商路上是最主要的交易品，所以从汉朝到西域，再到地中海的这条商路被德国地理学家李希霍芬称为"丝绸之路"。

与此同时，汉朝在西域也建立起了一套统治机构。汉武帝元封三年（前108年），汉朝在西域的轮台、渠犁（都在今新疆维吾尔自治区巴音郭楞蒙古自治州境内）开建屯田，并设立"使者校尉"管理屯田事宜。这是西汉在西域设置的最早的行政机构。汉宣帝地节元年（前68年），西汉派侍郎郑吉到渠犁一带主持屯田。八年后，由于郑吉在西域威名卓著，又有迫使匈奴势力退出西域的功劳，汉朝因此任命他为西域都护，封安远侯，从此建立了镇抚西域"南北两道"五十余国的西域都护府。都护不仅有权管理汉朝在西域的屯田兵马、颁行朝廷号令,而且遇到诸国发生变乱的情况,可以发兵征讨。《汉书》记载:"汉之号令班西域矣,始自张骞而成于郑吉。"郑吉确实是张骞西域事业的杰出继承人。

王莽时期,西域都护一度失去对西域各国的控制。东汉建立后,汉明帝派遣班超出使西域。班超远超张骞、郑吉之业,挫败了匈奴卷土重来的计划,在西域重新确立了汉朝的统治地位。汉和帝永元三年(91年),汉朝以班超为西域都护,重建西域都护府。班超经营西域三十一年,使西域各国重新归心汉朝,为稳定汉朝对西域的统治、加强内地与西域的联系以及维护丝绸之路的安全,作出了杰出贡献。不仅如此,班超还派遣部下甘英出使大秦(汉朝对罗马帝国的称呼)。由于种种原因,甘英到达波斯湾后就折返汉朝,并没有到达最初的目的地。即便如此,甘英的这次出使毕竟是汉朝官方使团向西行进最远的一次,既加深了对沿途各国的了解,也使中亚、西亚的国家更多地了解了中国,其历史意义是不朽的。

班超以后,历朝历代都设置了类似西域都护的职位，负责管理西域地区的军政事务，在加强对西域地区统治的同时，也起到了保持丝绸之路畅通、维护贸易秩序的作用。尤其是唐代的安西都护府，先后驻于西州（又称高昌，今新疆维吾尔自治区吐鲁番市）、龟兹（今新疆维吾尔自治区库车县）、碎叶（今吉尔吉斯斯坦共和国托克马克市附近）等地，对于维护西域的稳定起了很大的作用。当时有很多中亚、西亚的商人通过丝绸之路来到中国内地做生意，有些外国商人还定居在今天的吐鲁番、敦煌、武威、西安、太原、洛阳等地，他们不仅带来了异国商品，还将中亚、西亚的器物、宗教与文化介绍进来，为唐代文化的繁荣发展提供了新鲜养分。

丝绸之路的传承与发展

在我国历史上，张骞开辟的这条从内地出发，经过中亚前往西亚、北非和欧洲的丝绸之路，是古代东西方国家之间最长的国际交通路线，前后发挥了一千多年的作用，直到15世纪奥斯曼土耳其帝国兴盛以后，丝绸之路作为商路才逐渐衰落下来。丝绸之路的开辟是人类文明史上一个伟大的创举，它是丝绸之路沿线各民族、各文明的共同创造及共同维持的产物。时至今日，丝绸之路仍是一段历史佳话，是中国与丝绸之路沿线各国之间传统友谊的重要见证。

2013年9月7日，习近平主席在哈萨克斯坦发表重要演讲，首次提出了加强政策沟通、道路联通、贸易畅通、货币流通、民心相通，共同建设"丝绸之路经济带"的倡议。同年10月3日，习近平主席在印度尼西亚国会发表重要演讲时明确提出，中国致力加强同东盟国家的互联互通建设，愿同东盟国家发展好海洋合作伙伴关系，共同建设"21世纪海上丝绸之路"。推进"丝绸之路经济带"与"21世纪海上丝绸之路"（合称"一带一路"）的建设，是我国统筹国内国际两个大局，立足当前、着眼长远提出的重大倡议和构想。这一倡议的提出，有助于推动中国、沿线各国及本地区的发展，符合有关各方的共同利益，顺应了地区和全球的合作潮流。

虽然当代与汉朝时期的国际国内局势大有不同，但是"一带一路"所代表的开放合作、和谐包容精神，与古代丝绸之路推动交流、互利共赢的传统是一致的。在我国古代，丝绸、茶叶、瓷器、书籍等通过丝绸之路被传到西方，中亚、西亚乃至欧洲的特产如香料、珠宝、医药、汗血马等也来到中国。借助迢迢丝路连接起来的不仅是贸易的双方，更是东方文明与西方文明。"一带一路"倡导文明包容的精神，主张尊重各国在发展道路和模式方面的自主选择，努力推动不同文明间的对话与交流。这种求同存异、兼容并包的精神，必将促进"一带一路"沿线国家的共存共荣、互利共赢。博望侯张骞，作为两千多年前伟大的外交家、旅行家、探险家，将被我们永远怀念。

司马迁

隐忍立名

司马迁（前145？—前90？），字子长，夏阳（今陕西韩城南）人。我国伟大的史学家、文学家、思想家。曾任太史令，因替李陵败降之事辩解而受宫刑，但他忍受着屈辱，凭借坚忍的意志发奋完成了中国第一部纪传体通史《史记》。这部书被誉为『史家之绝唱，无韵之《离骚》』。司马迁的生平事迹主要记载于《史记·太史公自序》和《报任安书》中。班固根据这些材料，在《汉书》中为司马迁立传，记述了这位伟大人物撰著历史的经过、思想和精神。

清末名臣左宗棠早年写过一副对联:"文章西汉两司马,经济南阳一卧龙。"这副对联里面既包含了三位古人,又用得极为贴切,不能不说是工巧之作。这三位古人中,"南阳一卧龙"大家应该很熟悉,就是蜀汉名相诸葛亮,左宗棠自号"今亮"(当代诸葛亮),故在对联中也以"卧龙"自诩。至于"西汉两司马",则分别是指司马迁和司马相如。

　　有人可能要问了:我们都知道司马相如是作赋的名家,可左宗棠为什么把史学家司马迁也和"文章"联系在一起呢?其实在古人看来,司马迁也是一位大文豪。唐代文学家韩愈就曾称赞司马迁的文章"雄深雅健",认为他是西汉最出色的四大文学家(司马相如、司马迁、刘向、扬雄)之一。柳宗元也推许司马迁"峻洁",即文笔刚劲凝练,没有浮华笔墨。那么,像司马迁这样一位大史学家、大文学家，是怎样成长起来，又是怎么获得如此之高的历史地位呢？

"被遗忘"的司马迁

司马迁生活在距今两千多年前的西汉景帝、武帝时期，关于其生平行事，我们除了知道他著有《史记》、为李陵辩诬之外，其他的很有限。幸而司马迁在《史记》中留下一篇《太史公自序》，简略记述了家族先辈的姓名以及其父司马谈和自己两代修史的经历。但是，这篇自序对司马迁的其他经历则记述得都很简单，以至于后人对司马迁的生活、仕途和交际了解得很少。从这一点上说，司马迁被历史"遗忘"了。

从自述看，司马迁是秦将司马错的后人，但家族到汉初已经衰微。司马迁的曾祖父司马无泽只是一个管理市场的小官，祖父司马喜虽然爵至五大夫，但没有官位。司马氏在朝廷任职，是从其父司马谈开始的。

司马谈是一个博学多才的知识分子。据司马迁回忆，他不仅兼习道家、儒家，而且还精通天文星相之学。汉武帝继位之初，就任命司马谈担任负责天时、星历的太史令,一做就是二十多年。司马迁就是在这样的家庭中成长起来的。

司马迁的生年,我们已经不得而知,根据他的自述推算,大概生于汉景帝末年。他"年十岁则诵古文",打下了很好的学术基础。二十岁时,司马迁开始了周游国内的旅程。他向南一直走到浙东,折而沿江西上,直入湖南,攀登九疑山,再行至沅水、湘水流域,凭吊屈原、贾谊;回程时,他先是去了汶水、泗水流域,参观了孔子、孟子等儒家大师留下的遗迹,之后又折而南下,由楚入梁,再回到都城长安。在这次"壮游"中,司马迁不仅饱览山水风光,还到了很多名人生活过的地方,收集了大量民间传说,也验证了一些传闻的真实性。这一时期的经历不仅给司马迁留下了深刻的印象,也是他撰写《史记》的重要依据。

回到长安后,年轻的司马迁被任命为郎中。此时,汉武帝想要联系大月氏、大夏等国,故任命司马迁前往西南地区尝试开通道路。由于种种原因,这次行程无功而返。当司马迁回来复命时,他的父亲司马谈已经病重,不久就去世了。司马谈去世后三年(汉武帝元封三年,前108年),司马迁接任太史令。他继承父亲的遗志，除履行职责——占卜、历算、观星之外，致力著述一部上起五帝、下至当朝的通史，也就是我们今天所见到的《史记》。但是，司马迁任职不到十年，就卷进了一场意外的灾难之中。

天汉二年（前99年），汉将李陵率军出塞与匈奴交战，因寡不敌众被迫投降。在李陵而言，忍辱投降本有徐图后举之意，但汉武帝听信李陵为匈奴练兵的传闻，下令处死李陵的家人。司马迁不顾冒犯武帝的危险站出来替李陵说话，被愤怒的武帝交付廷尉审理，判处了宫刑。据司马迁追述，此时他本有自杀以免受辱的想法，但因为著述未成，最终选择了忍辱著书的道路。

平心而论，汉武帝对司马迁的才学还是赏识的。虽然他让司马迁遭受了巨大的屈辱，但司马迁受刑后，就将司马迁任命为中书令，做自己的"机要秘书"。然而，此后的司马迁虽然成了天子近臣，行动却不见于史籍，仿佛失踪了一样。直到征和二年（前91年），司马迁的好友任安因遭巫蛊之祸即将被处死，司马迁才再次出现在文献记载中，伴随而来的是那篇名传千古的《报任安书》。

在《报任安书》中，司马迁向朋友倾诉了因非罪而受重刑的痛苦："所以隐忍苟活，函粪土之中而不辞者，恨私心有所不尽，鄙没世而文采不表于后也。"任安劝他向武帝推荐人才，司马迁在信中回答道："身直为闺阁之臣，宁得自引深藏岩穴邪！故且从容浮湛，与时俯仰，以通其狂惑。今少卿乃教以推贤进士，无乃与仆私心刺谬乎？"对此时的司马迁来说，名声、官职都已经不再重要，他唯一追求的是早日完成《史记》。

司马迁的晚年，可以说是默默无闻。我们知道他最终完成了《史记》，却不知道《史记》成书于何时，也不知道他去世的确切时间，更不知道他作为武帝的近臣发挥过什么作用。然而，这也许正符合司马迁的愿望：历史忘却了他，却永远记住了《史记》。

被铭记的《史记》

对《史记》的评价，最著名的当推鲁迅先生的"史家之绝唱，无韵之《离骚》"（《汉文学史纲要》）。前五个字说的是《史记》的史学地位，后五个字则是它的文学价值。评价虽简短、精准，但实为绝妙之笔。

为什么说《史记》是"史家之绝唱"呢？在《史

记》之前，记录前人言行的文献只有"记言""记事"两体。"记言"的代表是《尚书》，以记录古人言论为主，但对言论因何而发，起了什么作用，记录得很不详尽；"记事"的代表是《春秋》，按年月记载事件，但用字俭省，前因后果尚且语焉不详，更不用说详细记述参与者的言行了。到战国中后期，逐渐出现将"言"与"事"联系起来的著作，如以诸侯国为分类标准记载各国人物言论行事的《国语》《战国策》。这些著作比起原始的"记言""记事"著作虽然内容更丰富、记载更详尽，但仍没有脱出"记言""记事"的范畴，而且这些著作中所记的言论、事迹都是独立片段，前后没有联系。读者想要寻找某人的生平行事，或某项制度的发展过程，只能自行抄撮整理。这无疑是很不方便的。

司马迁著《史记》，为史书创造了一种新的体裁——纪传体。他以"本纪"为纲，用"世家""列传"记载重要人物的言行，以"表"分年月记录纷杂繁复的细事，"书"则是典章制度的汇集。这样一来，《史记》就形成了一个在"本纪"统领下的有机生命体，书中各部分互为补充，简者不觉其略，繁者不觉其赘，读者可以根据需要选择阅读，其记载历史的功能也更为完善。

于是，后世正史均采用纪传体这一写法，无怪乎梁启超会有"史界太祖，端推司马迁"的评价了。

不仅如此，司马迁先后做过太史令、中书令，能看到很多官方藏书和档案，他在编纂《史记》时广泛使用了这些材料。如汉初功臣的传记中关于军功的记载来自官藏档案"功簿"，是珍贵的第一手资料。此外，司马迁在青年时曾周游各地，因此对山川形势、历史遗迹都颇有认识，也采访过很多名人的后代。他听说秦攻魏时曾用水攻，就亲自考察大梁城，果然在城壁上见到水迹；他到淮阴侯韩信的故乡，见到韩信母亲的墓旁有广阔的空地，确知韩信为母预留"守冢万家"之地的传说并非虚言……到撰写《史记》时，司马迁将自己的见闻都写入了相应篇目中，这就使《史记》的内容更为翔实。尤其不易的是，司马迁不屈于当世权势，在为功臣、重臣立传时，并不避讳他们的问题。如韩安国在魏其侯窦婴被迫害时首鼠两端，公孙弘巧宦怀诈，霍去病不恤士卒……这些不太光彩的事情，司马迁都一一据实直书。班固说："自刘向、扬雄博极群书，皆称迁有良史之材，服其善序事理，辨而不华，质而不俚，其文直，其事核，不虚美，不隐恶，故谓之实录。"这是西汉以来学者对司马迁和《史记》的共同认识。谓之"史家之绝唱",斯无愧已。

那么,《史记》又何以被称为"无韵之《离骚》"呢?这主要是因为《史记》的文学价值同样出众。一方面,如我们熟知的"鸿门宴"一段,项羽、项伯、范增、张良、樊哙均有个性,呼之欲出。又如《陈丞相世家》写陈平在朝廷政治斗争中的巧妙周旋,《淮阴侯列传》写韩信被废为侯之后的怏怏不得志,《万石张叔列传》写万石君(石奋)小心谨慎的心态,也都是栩栩如生。前人说,读《史记》的游侠传,就有轻生取义的豪情;读屈原传、贾谊传,就为他们悲伤流涕;读庄周、鲁仲连传,乃有遁世的想法;读李广传,几乎要起而搏斗;读石建传,又会变得谨慎小心。《史记》强大的感染力,由此可见一斑。

另一方面,司马迁在描写人物时,也融入了自己的感情。他写屈原、贾谊坎坷不遇的遭际,在"屈平既嫉之,虽放流,眷顾楚国"几句之下忽然插入自己的评论:"人君无愚智贤不肖,莫不欲求忠以自为,举贤以自佐。然亡国破家相随属,而圣君治国累世而不见者,其所谓忠者不忠,而所谓贤者不贤也。"颇觉悲凉。司马迁历经坎坷、负屈受刑，胸中自有不平之气，在《史记》中他以很巧妙的分寸抒发了这种情感，与屈原的《离骚》实有异曲同工之妙。金圣叹在评《屈原贾生列传》时指出："（司马迁）借他二人生平，作我一片眼泪。"真可谓太史公的隔代知音。但是，司马迁和屈原一样，没有让失意和哀伤控制自己，而是将情感转化为继续前进的动力。《史记》能够成为"无韵之《离骚》"，情感的推动力是很重要的因素。

总的来说，《史记》既是一部史学名著，也是一部文学名著。在史学史上，它既是我国纪传体史书的开山之作，也是我国史学走向成熟、独立的重要标志；在文学史上，它与汉赋相颉颃，上承《左传》《国语》《战国策》写人记事之法，又加以发展，形成了别具一格的笔法，为后世所宗仰。今天，我们在史学、文学方面都取得了长足发展，但《史记》取得的辉煌成就仍为我们所铭记。

功业追尼父，千秋太史公

在前文中我们曾经提到，司马迁的身后非常寂寞。

他的生平行事大多佚失,全依赖《史记·太史公自序》才保存下来一些痕迹。然而,从另一个角度说,司马迁又是活在后人记忆中的。《史记》成书以后,虽短暂沉寂了一段时间,但到西汉后期已经为世人所知,并被认为是一部伟大的史学著作。到了南宋,史学家郑樵在《通志·总序》中指出:"司马氏世司典籍,工于制作,故能上稽仲尼之意,会《诗》《书》《左传》《国语》《世本》《战国策》《楚汉春秋》之言,通黄帝、尧、舜至于秦、汉之世,勒成一书,分为五体:本纪纪年,世家传代,表以正历,书以类事,传以著人,使百代而下,史官不能易其法,学者不能舍其书,六经之后,惟有此作。"在古代尊崇六经的背景下,这是学者能作出的最高评价了。

郑樵把《史记》与六经相比类,很多学者认为他有过誉之嫌。然而,我们如果从史学发展的角度来看,就会觉得郑樵的评价并不过分。《说文解字》解释"史"字:"史,记事者也。"在殷商和西周,都有以"史"为名掌管祭祀占卜、天文星相、文书策命的官员,记录朝廷政命、君臣言行——所谓的"记言""记事",虽是他们的职责,但并非主要任务。自春秋、战国到秦汉时期,以"史"为名的官员与其说是史官,不如说是卜筮、星历、典章制度的专家和国家藏书的管理员。也就是说，在司马迁的时代，文学、艺术、哲学、史学等还没有成为独立学科，更没有"史学""史籍"的概念。司马迁著《史记》，在他看来既是"绍明世，正《易传》，继《春秋》，本《诗》《书》《礼》《乐》之际"，也是"拾遗补艺，成一家之言，厥协六经异传，整齐百家杂语"。换句话说，就是接续孔子整理上古文献、著为六经（这是古人的观点）的工作，整理编纂古代文献，并以个人观点决定异说的去取。可以说，这是我国古代史学走向成熟，并最终与经学中的《春秋》家分道扬镳的重要标志。梁启超一曰司马迁为"史界太祖"，二曰太史公为"史界之造物主"，都是从这个角度着眼的。

司马迁的另一个特点是卓越的"会通"精神。他成长于百家被儒家压倒之前，因此头脑中没有独尊儒术的思想，虽然尊崇孔子和六经，却不排斥百家杂说。有这种思想为先导，《史记》自然会具备"究天人之际，通古今之变，成一家之言"的"会通"色彩，以及"协六经异传，整齐百家杂语"的气魄。同时，司马迁广博的学术背景，以及能够接触国家藏书的优越条件，在"会通"精神的指导下正好能最大程度地发挥作用。可以看到,《史记》中既记录了各个学派的观点,也记载了各式各样的人物,其中不仅有帝王将相,也有学者大儒;不仅有商人游侠,也有卜者相师。众生世态、百家争鸣,萃于一书,这是后世二十几部正史都无法与之相比的。这样一来,《史记》取得史学经典的地位,被历代学者尊仰,也就不难理解了。

关于司马迁一生的成败得失,郭沫若有一首诗评价得最为全面:

龙门有灵秀,钟毓人中龙。

学殖空前富,文章旷代雄。

怜才膺斧钺,吐气比霓虹。

功业追尼父,千秋太史公。

诸葛亮

鞠躬尽瘁

诸葛亮（181—234），字孔明，琅邪郡阳都（今山东沂南县）人。三国时期蜀汉丞相，杰出的政治家、军事家、外交家、文学家。其主要事迹记载于《三国志·蜀书·诸葛亮传》中。诸葛亮早年避世，躬耕于南阳，自比管仲、乐毅，被称作『卧龙』。建安十二年（207），刘备三顾茅庐请诸葛亮出山辅佐自己。刘备称帝后，拜诸葛亮为丞相；刘备死后，诸葛亮又辅佐后主刘禅，最后因病卒于五丈原（今陕西省岐山县五丈原镇）。诸葛亮的一生真正做到了『鞠躬尽瘁，死而后已』，成为中国传统文化中忠臣与智者的代表人物。

诸葛亮是东汉末年三国时期的风云人物，反映他一生智慧和才能的故事可谓家喻户晓，为人们传颂不绝。然而，我们对诸葛亮的了解多是从《三国演义》和戏曲中获知的。作为"中国四大名著"之一的《三国演义》，将诸葛亮描绘成上知天文下识地理、三教九流无所不通、诸子百家无所不晓的"神"。他可以"借东风"击退曹军，可以上演"空城计"智退司马懿。于是，鲁迅先生就有《三国演义》"状诸葛之多智而近妖"之叹。可见，文学艺术作品已将历史上的诸葛亮浪漫化和神化了。要想真正了解诸葛亮这个人，我们还需要从信史的记载中梳理。

躬耕南阳

诸葛亮,东汉灵帝光和四年(181年)出生于一个门第不高的官僚地主家庭。诸葛亮的远祖诸葛丰在西汉元帝时做过司隶校尉(负责监督纠察京师百官及附近地方的官员),为官清正,执法严明,这对诸葛亮家族的家风是有一定影响的。诸葛亮的父亲诸葛珪,当过泰山郡郡丞,即协助太守掌管郡内行政、司法的官员。

诸葛亮出生的年代可以用四个字来形容,就是"天下大乱"。当时,以汉灵帝为首的统治集团千方百计地搜刮百姓的钱财,甚至公开标出价格卖官鬻爵。那些花钱得到官位的人,事后必然变本加厉地捞回买官的钱,最终遭难的还是百姓。加之水灾、旱灾接二连三地发生,最终于公元184年,也就是诸葛亮出生的第四年,爆发了大规模的黄巾军农民起义。公元189年,灵帝死,少帝继位,宦官、外戚两大集团的矛盾日益尖锐,最终发展成火并,弄得两败俱伤。然而,这却给了董卓一个攫取东汉政治权力的机会。董卓进京废少帝,立汉献帝刘协为帝,自己掌控着政局。董卓是一个残暴的人,他在京城洛阳纵容兵士烧杀抢掠,无恶不作,最后还挟持献帝到了长安。各地州郡长官见此，纷纷以讨董卓为名扩充自己的实力和地盘，形成一股股割据势力，开始了无休止的军阀混战。此时的东汉王朝，已经名存实亡。

在乱世中成长起来的诸葛亮，深深感受到军阀割据给国家和人民带来的苦难，就连贵为天子的皇帝居然也被挟持，这些对他日后思考和分析天下大势无疑有着深刻的影响。

除了生活在乱世外，诸葛亮的童年也是不幸的。在他幼小时，生母章氏就病故了；大约八岁时，他的父亲也去世了。从此，他的生活便由叔父诸葛玄来照料。

叔父诸葛玄先带着诸葛亮投奔了占据淮南的袁术。袁术死后，诸葛玄又带着诸葛亮到荆州投奔刘表。襄阳是荆州的首府，在这里诸葛亮认识了许多名士，如庞德公及其侄子庞统，还有司马徽等。这让青年诸葛亮增长了不少见识，也加深了他对天下形势的理解。

然而，不久诸葛玄也病逝了。十七岁的诸葛亮面临着人生的抉择。他不愿意在刘表那里做官，因为他认为刘表是个徒有虚名、庸庸碌碌的人。他也不愿意到别的地方，因为天下都在混战。最终，他选择了隐居，搬到了襄阳城西边二十里、地属当时南阳郡邓县管辖的隆中，在那儿盖了几间草屋，过着"躬耕于南阳，苟全性命于乱世，不求闻达于诸侯"的生活。

隐居中的诸葛亮不仅研读史籍，总结历代兴亡的经验教训，还时常与当时的名士交往，议论形势。其实，此时的诸葛亮是一个胸怀大志、关心时政的人，他的志向并非地方的刺史、太守，而是要像管仲、乐毅那样做出更大的事业。庞德公给他起了个别号"卧龙"，正像龙不可能永远潜伏一样，一旦时机到来，他就要腾飞。

隆中对策

让诸葛亮这一"卧龙"腾飞的人，就是刘备。在诸葛亮隐居隆中的时候，刘备正依附于刘表门下。尽管刘表"以上宾礼"对待刘备，让其屯兵新野，但刘备还是不甘寄人篱下，他急切盼望壮大实力，以求实现逐鹿中原的大志。为此他求贤若渴，尤其需要一位辅佐之才。

有一次，司马徽在与刘备会面时表示："能了解当今局势的人才是俊杰，就目前来看只有卧龙（诸葛亮）、凤雏（庞统）二人配得上这一称呼。"后来，徐庶又向刘备推荐了诸葛亮。刘备对诸葛亮的才华已经有所耳闻，加之他对徐庶很信任，于是赶紧让徐庶召诸葛亮前来。但徐庶却建议道："诸葛亮这个人不可以令他屈就到此，您还是应该屈尊亲自去请才是。"说"屈尊"，大概有两方面的原因：一是刘备是汉景帝之子中山靖王的后代，也算是汉皇室的后裔；二是此时刘备已47岁，诸葛亮才27岁，两人整整相差了20岁。然而，求贤若渴的刘备完全顾不得这些，他听从了徐庶的建议，亲自去隆中请诸葛亮出山。于是就发生了历史上著名的，也是我们耳熟能详的故事——三顾茅庐。

刘备第三次拜访时，终于见到诸葛亮并向他表达了自己的想法。刘备说自己用尽心力，追求的就是消灭割据势力，兴复汉室。但一个人的能力毕竟有限，可他并不气馁，今天特地来请教先生，请先生指明该如何去做。诸葛亮认真听了刘备的话，深深地被他的谦虚、坦诚和志向打动。于是，诸葛亮根据平时掌握的材料，对当时的形势从政治、经济、地理、人事各方面，向刘备进行了分析，并向刘备提出了如何壮大自己的力量，以便完成统一大业的具体方案。诸葛亮的这番宏论，就是著名的《隆中对》，也称《草庐对》。

现代学者将《隆中对》的主要内容归纳为四点：一

是"跨有荆、益",夺取刘表、刘璋割据称雄的地盘,建立强大的根据地;二是利用四川"天府之土"的优越自然条件,积极发展生产,利用"帝室之胄"的声望,"总揽英雄"、"内修政理",不断增强自己的经济、政治、军事实力;三是"西和诸戎,南抚夷越",妥善处理同少数民族的关系,解除与劲敌争锋之时的后顾之忧;四是"结好孙权",孤立曹操,利用二对一的优势,先造成三分天下的局面,待时机成熟再兵分两路北伐曹操,取宛、洛(今河南南阳、洛阳),入秦川(今陕西、甘肃渭水流域),得胜之后,再挥师统一天下。

从后来的历史演进看,诸葛亮在《隆中对》中对天下形势的分析基本是符合客观事实的,他为刘备制定的安邦治国策略,大体上也是行之有效的,这体现了诸葛亮卓越的政治才能和分析、判断能力。

听了诸葛亮的这番宏论,刘备大喜过望,力邀诸葛亮出山辅佐自己。其实,诸葛亮早已被刘备的诚心打动,他毫不犹豫地说道:"蒙将军不弃,我将为您奔走效劳。"就这样,27岁的诸葛亮跟随刘备离开隆中,开始了自己在东汉末年三国时期政治舞台上的表演。

助刘备开创基业

离开隆中后,诸葛亮和刘备屯驻在樊城(今湖北襄阳市)。

公元208年,曹操统一北方,随后大举南下直袭荆州。走到半路时,占据荆州的刘表病死了,其次子刘琮继位,被曹操大军的声势吓破了胆,不战而降。刘备得知这一消息后,为避曹军的锋芒,一退再退到了樊口(今湖北鄂州市)。此时的刘备是孤军自守,处境十分危急。诸葛亮挺身而出,建议刘备马上实行《隆中对》中"联孙抗曹"的战略,并主动承担出使江东、说服孙权的任务。

此时的孙权正驻兵在柴桑(今江西九江市),军队号称十万人,实际上不满三万人,处境也不容乐观。曹操大军一路南下,直接威胁到了孙权的根据地。面对曹操这个强大的对手,孙权集团内部就抵抗还是投降展开了激烈的争论。以张昭为首的一批儒生,认为曹操兵强马壮,势不可当,因此主张投降;以周瑜、鲁肃为代表的一些人,认为江山险固,应该抵抗曹军。孙权当然不甘心就此投降,但如何抵抗强大的曹军,一时也很犯难，拿不定主意。

就在这个时候，诸葛亮来到了柴桑。面对犹豫不定的孙权，诸葛亮说道："您应该根据自己的实力，好好考虑一下。如果能以江东兵力对抗曹操，不如趁早与他断绝往来，争取时间定下战守之策；如果觉得自己的实力不够，那就只有投戈卸甲，前去投降。可现在您表面上服从曹操，内心却徘徊不定，这局势是瞬息万变，如果不能果断作出抉择，那就要大祸临头了。"诸葛亮这番话的目的就是让孙权认识到，东吴的实力确实不如曹操，如果孤军抵抗，也有被曹操击败的危险，摆在孙权面前的只有联合刘备一起抗曹这条路。

听了诸葛亮的陈述，孙权激动地说："我不能让整个江东的土地和十万人马，受别人控制。我抗曹的决心已下。况且现在除了刘备，也没有人再能和曹操抗衡了。"说完这话，孙权又提出一个疑虑：就是刘备刚刚在长坂坡战败，还有实力对抗曹操吗？对此，诸葛亮分析了几方的形势，特别是曹军的弱点。他说曹操是从北方远道而来，长途奔袭已经很疲劳了，加之曹军多为北方人不习惯水上作战，而荆州的军队虽然跟随曹操，但不是真心愿意为他出力等。最后，诸葛亮总结道："如果将军您能派几员猛将，率领几万精兵，和刘备同心协力，就必然能打败曹操。曹操失败后，必然会退回北方。成败的关键时机，就在今天了。"诸葛亮的这番话，使人心悦诚服。于是，孙权决定派周瑜、鲁肃领兵与诸葛亮一起抗击曹军。孙刘联盟的建立，是诸葛亮在外交上的一次胜利。

不久，号称兵力八十万的曹操大军行进到乌林（今湖北嘉鱼县，在长江北岸），孙刘联军总共不到五万人驻扎在赤壁（今湖北赤壁市，在长江南岸）。接下来就发生了历史上著名的以少胜多的战役——赤壁之战。孙刘联军利用"诈降"、火攻的方式打败曹军，取得了这场决定历史进程的战役的胜利。

赤壁之战后，战败的曹操退回了北方，孙权则巩固了他在江东地区的统治，刘备占据了荆州大部分地区。可以说，此时三国鼎立的局面已经形成。

此后，诸葛亮一方面帮助刘备巩固荆州的根据地，另一方面积极准备进取益州。这也是《隆中对》中"跨有荆、益"的预定方针。当时，占据益州的刘璋笼络豪强地主横征暴敛，很不得人心。最终，在公元214年，刘璋出城投降，刘备夺取了益州之地。公元219年，刘备又从曹操手中夺取了汉中，其实力更加壮大了。

受托辅政

蜀汉政权建立前后，蜀汉和东吴围绕荆州问题发生了冲突。诸葛亮在隆中时就指出荆州是兵家必争之地，只有守住荆州才能进取益州，才能兵分两路北伐以实现统一大业。可就在关羽镇守荆州的时候，情况发生了变化。关羽骄傲轻敌、盲目自大，甚至连吴主孙权都不放在眼里。公元219年，关羽置东吴于不顾，倾荆州的兵力攻打曹操。孙权乘机发兵攻打荆州，使关羽陷入两面受敌的境地，最终退到麦城（今湖北当阳市），被吴国军队杀害。这件事为后世留下了两个俗语："败走麦城"和"大意失荆州"。

公元220年，曹操病死，其子曹丕废汉献帝自立为帝，国号魏，史称"曹魏"。次年，在诸葛亮等人的建议下，刘备在成都称帝，国号汉，史称"蜀汉"，诸葛亮被任命为丞相。

关羽被杀，荆州失守，是刘备不能容忍的。因此，他称帝后的第一件事就是讨伐孙权，一是为关羽报仇，二是要重新夺回荆州。对于这件事,诸葛亮的态度如何,史书上没有记载。但是,我们可以推断出此时诸葛亮的心里也是矛盾的,他既不想破坏孙刘联盟,也不愿意就此丢掉荆州。而刘备,则是下定决心要东征。但最终的结果是,公元222年,刘备的蜀汉军在夷陵之战中败于陆逊指挥的吴军,刘备退回白帝城(今四川奉节市)。自从关羽被杀、失掉荆州,如今又兵败夷陵,刘备遭受了很大打击,加之战阵劳累就得了病。第二年,刘备病情恶化,他召诸葛亮前来托付后事,说:"你的才能比曹丕高出十倍,一定能安邦定国,成就大业。若是我的儿子刘禅可以辅佐的话,你就辅佐他;如果他不才,你就代替他做皇帝吧。"诸葛亮听后泪流满面,答道:"我怎敢不竭心尽力,效忠贞之节,就是死也报答不了陛下对我的知遇之恩。"不久,刘备病死,其子刘禅继皇帝位(即后主),诸葛亮被封为武乡侯,领益州牧,辅佐新皇帝治理国家,成为蜀汉朝政实际的主持者。

为了实现统一全国的目标,鉴于当时蜀汉的实际,诸葛亮首先采取了修内政、举贤才、安民生的措施。

修内政的关键就是加强法治,赏罚必信。为此,他亲自主持制定了蜀汉的法典《汉科》，并公布于众。对于那些胡作非为的豪强世族和高级官员，诸葛亮也不手软，做到了赏罚公正。正如当时一位名叫张裔的官员所说："诸葛丞相处事公正严明，赏罚不分亲疏远近。无功者不能得赏，权贵者不能免罚。这是人人奋勉的主要原因。"

在选人、用人方面，诸葛亮反对东汉末年时以门第和资历选拔官员的制度，更反对"富贵者称贤"。他认为能够通达时势又有工作能力的人才是人才，这无疑是一个进步而又符合实际的思想。另外，他还秉持"有能而任官""内举不避亲，外举不避仇"的原则，最终招纳了不少贤才为蜀汉政权服务。

为了安民生，诸葛亮采取了以下措施：一是鼓励农耕，发展农业生产。他命令官府不得妨碍农时，更不能对农民横征暴敛。二是在汉中地区大行屯田，并派督农官加强管理。三是对都江堰等水利设施常年进行保护和维修，以提高灌溉能力。四是鼓励百姓养蚕织锦，并将蜀锦销往吴、魏等国，以增加财政收入。五是对与国计民生密切相关的煮盐、冶铁等手工业部门实行官营。

这一系列措施加强了蜀汉政权的稳定性，增强了蜀汉的经济、军事实力，为后来的平定南中叛乱、北伐中原创造了条件。

南中是益州十二郡中益州郡（治今云南晋宁区）、永昌郡（治今云南保山市）、牂牁郡（治今贵州黄平县）、越嶲郡（治今四川西昌市）四郡的总称，是少数民族聚居的地区，更是蜀汉政权的重要组成部分。但由于治理不当，当地的豪强贵族总想割据自立。公元223年，益州豪强雍闿趁刘备病死，蜀汉力量削弱之机，联合永昌豪强孟获叛乱，并波及整个南中地区。南中叛乱直接威胁着蜀汉的安危，更影响着诸葛亮北伐的计划。于是，在采取修内政、举贤才、安民生的举措，增强了蜀汉实力之后，公元225年，诸葛亮果断率军南征，平定叛乱。历史上著名的"诸葛亮七擒孟获"，就发生在这个时期。应该说，南征是打击割据势力、维护汉族与少数民族友好关系的正义之战，因此得到了百姓的拥护，这也是诸葛亮能成功平定叛乱的主要原因。南中平定后，诸葛亮采用了"和睦安抚"的方针，动员当地百姓务农桑，并根据当地情况选用少数民族首领担任官吏。平定南中为北伐中原解决了后顾之忧。至此，诸葛亮眼前的头等大事就是组织力量北伐曹魏了。

北伐曹魏，就是要实现《隆中对》的最后一个目标——统一全国。出师之前，诸葛亮上书后主刘禅，诉说自己欲完成刘备未竟之业，谋求统一的决心，这封奏疏就是著名的《出师表》，其中体现着诸葛亮作为辅政之臣公忠体国、励精图治的品格。

自公元228年起，诸葛亮率军先后进行了五次北伐，但是都没有达到预期的目的。公元234年，诸葛亮第五次率军伐魏，这是他生前最后一次伐魏。由于长期的鞍马劳顿和繁重的军政事务，五十四岁的诸葛亮积劳成疾，最终病死在军中，病逝地点在蜀军屯住的五丈原（位于今陕西岐山）。后主刘禅追谥诸葛亮为"忠武侯"，故又有"诸葛武侯"之称。

鞠躬尽瘁，名垂后世

纵观诸葛亮的一生，完全可以用"鞠躬尽瘁，死而后已"来形容。他一生经历了五十四个春秋，以二十七岁为节点，可以分为两个阶段：前半生是他立志用世的准备阶段，后半生则是他以自己的忠勤和操守、才能和智慧辅佐君主建立和成就事业的阶段。虽然诸葛亮没有实现统一全国的最终愿望，但他一生的作为和精神，为后世之人所敬仰和尊崇。

西晋陈寿的《三国志》是我们认识诸葛亮的最基本资料。陈寿认为诸葛亮是一位优秀的政治家，"可谓识治之良才，管（仲）、萧（何）之亚匹矣"。同时，他还认为诸葛亮是一位军事家，只是将略不及政理。"然亮才，于治戎为长，奇谋为短，理民之干，优于将略。"应该说这一评价还是较为公允的。诸葛亮的军事才能确实不如他的政治才能，这一点可以从他北伐的行动上看出来。此外，按当时的客观情况而言，鼎足而立的魏、（蜀）汉、吴三国，实力大体均衡，互相牵制，蜀汉统一的时机并未成熟，因此诸葛亮的北伐不一定是明智之举，这也证明了诸葛亮是人而不是神。

到了唐代，人们对诸葛亮的评价调子升高。唐太宗李世民就曾多次向臣下称赞诸葛亮治国的忠勤，称他为"贤相"，赞他为政"至公"。唐中期的宰相裴度也说："度尝读旧史，详求往哲，或秉事君之节，无开国之才，得立身之道，无治人之术。四者备矣，兼而行之，则蜀丞相诸葛公其人也。"与此相应，唐代诗人歌颂诸葛亮也形成一个高潮，像杜甫在《咏怀古迹》诗中就赞叹：

"诸葛大名垂宇宙。"

宋代以后，随着话本、小说的流行，诸葛亮的形象开始"神"化，描绘的一些故事也偏离了历史事实。但不可否认的是，诸葛亮谦虚谨慎、克己奉公、兢兢业业、忧国忧民的精神，深深地扎根在人们的心中。他成为中国历史上忠臣和智者的代表。

范缜

唯物论者

范缜（约450—515），字子真，南乡舞阴（今河南泌阳县北）人，主要生活于南朝宋、齐、梁三朝，我国古代杰出的无神论者和唯物主义思想家。《梁书》卷四八有传。范缜自幼勤奋好学，颇有才华，他集汉晋以来神灭思想之大成，对当时佛教的理论基础"神不灭论"进行了反驳和批判，针锋相对地提出了"形存则神存，形谢则神灭"的"神灭论"思想，进而撰成《神灭论》一文，把我国古代朴素唯物主义和无神论思想提高到一个新的水平。范缜一生成就显著，他在为官处世中所体现出的不随流俗、不畏权贵、刚直不阿的品质，以及坚持真理、矢志不渝的精神，更值得后人称赞和学习。

中国古代社会生产力不高，人们的科学观也很不成熟，因此出现了"是否有鬼神存在""精神是否随着身体的消亡而消亡"等问题。孔子主张"敬鬼神而远之"，对鬼神采取回避的态度。墨子是有鬼神论者，《墨子·明鬼》中列举了许多鬼神故事，以证明鬼神的存在。庄子以薪火比喻形神，认为精神和薪火一样，可由前薪传至后薪，永不会灭。而荀子则反对鬼神的存在，具有朴素的唯物主义思想，他把鬼神看作人们用来文饰政治的手段。

两汉之际，桓谭的《新论·形神》以烛火比喻形神，认为精神会随形体的消亡而消失，犹如火必须有烛才能燃烧一样。东汉时期宣扬神灭论者，以王充最为著名。他在《论衡》中说："人死血脉竭，竭而精气灭，灭而形体朽，朽而成灰土，何用为鬼？"明确提出精神不能离开形体而独立存在、人死不能为鬼的无神论思想。

魏晋以后，佛教逐渐兴盛。佛教宣扬"轮回""因果报应""灵魂不灭"等，其中"灵魂不灭"是其理论基础。针对这种思想，有人提出反对观点。比如，南朝宋的何承天便著书阐明神灭和无鬼神的观点。不过，何承天的神灭思想大体因袭汉晋以来的烛火之喻，并没有什么创见，因而并未得到重视。同是南朝时的范缜则不仅集汉晋以来神灭思想之大成，还有新的建树，成为我国古代杰出的无神论者和唯物主义思想家，他的《神灭论》对后世无神论思想的发展有着深远影响。

南朝宋时期：勤学苦读，报国无门

范缜，生于南朝宋元嘉年间（一说生于445年，一说生于450年）。范缜所处的时代，正是我国历史上南北朝时期，社会动荡不安，起义、战乱时有发生，范缜的家庭也处于衰落之中。他的祖辈做过高官，他的父亲范蒙却只获得了一个有名无实的小头衔，且很早就去世了。范缜自小由母亲抚养长大，在家乡过着孤贫的生活。这种家境使他看到了许多社会的真实情况，体会了生活的艰辛，对他性格的养成产生了很大影响。

范缜的家庭虽不富有，但靠祖辈留下的家产，总还是有余力读书的。当时的读书人除了阅读经史百家外，到了一定年龄还要外出求师访友，这是因为许多学问和经验是从书本上得不到的，所谓"读万卷书，行万里路"，意义正在于此。在范缜大约十八岁时，他便辞别母亲，到较远的沛郡相县（今安徽宿州市）求学。

当时，在相县讲学的是一位名叫刘瓛（huán）的颇有声望的学者，向他学习的人很多，其中不乏达官贵人的子弟。这些人大多门阀士族习气较重，热衷吃喝玩乐，有的人甚至用香草熏染衣服，涂脂抹粉，真可谓"高第良将怯如鸡"。对于学问，他们漠不关心，考试时常常雇人答卷，在盛大宴会上作诗赋时，也往往请人代笔。虽然处于这样的环境中，但范缜不仅没有染上这些陋习，而且一直过着朴素的生活，身上穿的是布衣，脚上穿的是草鞋，吃的是粗粮饭。即使从相县回乡看望母亲，也是穿着草鞋徒步而行，不肯花钱雇脚力。尽管经常遭受别人的冷眼，但他毫不介意，不自卑、不气馁。范缜学习勤奋、刻苦，学业优良，深得老师的喜爱，老师亲自为他举行了冠礼。

贫富分化严重，"上品无寒门，下品无士族"的社会现实令范缜对门阀制度十分反感。加之南北分裂，战争频繁，赋役沉重，统治阶级内部互相倾轧，使学有所成的范缜萌生出改革社会弊政的想法和愿望。由于北魏南下，沛郡沦陷，百姓纷纷逃亡，范缜也不得不离开相县前往建康，也就是今天的南京。这次逃难经历给范缜留下了深刻的印象，他更加关心百姓的疾苦，反对佛教盛行给人民带来的沉重负担，他后来在《神灭论》中反复强调社会安定、振兴国家、实现统一，应该说与这次逃亡经历有很大关系。

随着局势的缓和，范缜又有了改革的想法。于是，他上书给一位姓王的官员，希望朝廷能够"乐闻讥谏"，广开言路，甚至让百姓能陈述自己的意见。但是，在当时的环境中，这封信只能是石沉大海，范缜改革的愿望成了泡影。从这时开始，直到刘宋灭亡前，范缜报国无门，一筹莫展。满心的忧愤使这位有志之士只能写诗排解，他写的《伤暮诗》《白发咏》虽然没有流传下来，但从诗题中就能看出他对人生遭际的感叹，对宏图难展的忧愤，以及对门第偏见的抗争和不满。

不过，范缜并没有因此而悲观消沉，他的人生经验、求学经历、所见所闻，使他形成了有理想、有操守、淳朴正直、勇于钻研的品格，为他反对有神论，提出朴素的唯物主义思想奠定了基础。

南朝齐时期：舌战权贵，坚持真理

公元479年，握有军政实权的萧道成夺取了刘宋政权，建立了齐朝，史称"南朝齐"。为了巩固统治，萧道成广招贤才，选用新人。范缜以卓越的才华，走上了仕途。

到了齐武帝时，为了进一步缓和南北局势，朝廷下诏选拔有才干的人充任使者出使北魏。范缜不仅才能出众，而且有良好的德行，自然在被选之列。他凭借自己的学识和能力，受到北魏朝野的称赞。回到齐朝后，范缜在朝廷中的地位发生了变化。

那时候，南朝齐的宰相竟陵王萧子良颇有野心，为了扩大自己的影响，他集合了一批文人研究经史及诸子百家，著书立说。我们比较熟悉的"竟陵八友"，就是由萧子良召集的文人集团，其中包括南朝梁的建立者萧衍，史学家、"二十四史"之一《宋书》的作者沈约等。萧子良还经常举行文人雅集，接纳一些有才学和名望的人，范缜凭借自己的声誉和才能，也在参与者之列。

南北朝时，由于统治者的大力提倡，佛教思想盛行，且势力很大，表现为佛教寺院遍布全国各地，寺院僧尼占有土地和劳动力，享受种种特权。有不少僧尼甚至出入宫廷，结交权贵，干预国家政事。萧子良也是佛教徒，据史书记载，齐梁两代的名僧都同他有来往。他还经常书写佛经，注释经义，供奉佛牙舍利，举行各种斋戒活动，并邀请名僧讲解佛经。在这一点上，范缜与萧子良产生了严重分歧。

范缜看到了佛教流行给社会带来的弊病，给百姓带来的沉重负担，因而提出了反佛教的主张。

其实，自佛教传入中国后，就不断出现反佛教的行为。从理论上反对佛教的，主要围绕三方面的问题展开：一是有无因果报应，二是有无生死轮回，三是神灭还是神不灭。

范缜清醒地认识到，统治者借用佛教宣传这种生死轮回、天堂地狱、因果报应的思想，无非是让百姓安分守己、忍辱负重、心甘情愿地过着受剥削、受压迫的生活，不去做不利于统治者的所谓"恶事"，以便为来世求幸福。而那些达官贵人、世家大族则享受着种种特权，过着骄奢淫逸的生活。按照佛教的理论，这些是他们靠前世的善行修来的，是命中注定的。这显然是荒谬的。

这里应当指出的是，无论是生死轮回还是因果报应，它的理论支柱都是灵魂不死，即神不灭。如果人死神灭，那么就不存在轮回报应的问题了。

在范缜以前，对佛教宣扬的这种思想，有不少人进行过批判。范缜继承了前人的传统，反复思考人生的意义，认清了统治者利用佛教维护统治的现实，因此开始反对"灵魂不死"这个支柱，阐发了神灭论的思想。

范缜的行为和观点显然是与萧子良格格不入的，从而引起了萧子良的不满。

一次，萧子良大宴宾客，席间坐满了达官贵人、名人学士，以及精通佛理的高僧，范缜也应邀在列。萧子良质问范缜："先生不相信因果报应，那么世界上为什么有人富贵、有人贫贱、有人享福、有人受苦呢？"萧子良的这个问题，无疑指向轮回报应之说，意思是现世的富贵、贫贱，看的是此人在前世是否积累下功德。面对这个问题，范缜从容淡定，忽然一阵清风吹来，树上的花瓣纷纷飘落。范缜指着花瓣说："人生就像开在一棵树上的花朵，风一吹便纷纷落下，有的碰着帘幌，落在锦垫上；有的碰着篱笆，落在粪坑里。像您，生在皇族，一生富贵，就像飘落在锦垫上的花瓣；像我，生活穷困，就像落在粪坑里的花瓣。世上确实有富贵贫贱的不同，但与'因果报应'又有什么关系呢？"范缜的这个比喻生动传神，意在指出世界上根本不存在什么前世和今世的轮回报应，进而否定了神不灭的说法。萧子良被反驳得哑口无言。

萧子良见辩论不能驳倒范缜，转而采用威胁和利诱的方法。萧子良的亲信王融擅长辩论，文思敏捷，深得萧的赏识。萧子良特意派王融对范缜说："你主张的神灭观点是不对的，但你还固执地坚持，这恐怕要使纲常名教受到损害。以你的才华和美德，倘若放弃你的错误理论，还怕得不到高官吗？"这是告诉范缜：如果你继续坚持神灭的观点，就会触犯纲常名教，给自己带来危险；如果你放弃神灭的思想，就可以得到高官厚禄。范缜坚守"富贵不能淫，贫贱不能移，威武不能屈"的信念，笑着说："假如我'卖论取官'的话，早就做到尚书令了!"范缜不"卖论取官"的高尚品质和坚持真理、矢志不渝的"大丈夫"精神,令王融十分羞愧。

范缜的无神论思想还体现在其为官从政中。他曾在宜都(今湖北宜都市)任太守。当时宜都地卑水湿,经济文化落后,迷信盛行。人们信奉神庙中的神灵,出于求福和消灾的愿望,认为多献香火、财物等供品,就可以得到神灵的保佑,免除水旱瘟疫等灾害。这种迷信活动既浪费钱财、增加负担,又影响生产、生活。于是,身为地方官的范缜下令禁止祭祀神庙。从这件事中可以看出,他反对迷信的坚决态度。

南朝梁时期:与天子论辩,撰成《神灭论》

南朝齐后期,政治腐败到了极点,皇帝萧宝卷是声色犬马之徒,天天寻欢作乐,想方设法搜罗天下珍奇宝物,朝中大臣也是贪污腐化、结党营私、相互倾轧,完全不顾百姓的死活。雍州刺史萧衍趁机从襄阳起兵,最终夺取了政权,自立为皇帝(即梁武帝),建立了梁朝,史称"南朝梁"。

萧衍在前文中已有提及,他是"竟陵八友"之一,与范缜早就相识。萧衍夺取政权之时，对人才大加笼络，旧相识范缜自然也在其中。萧衍派范缜到晋安（今福建福州）作太守。

今天，我们对范缜的认识主要在于他反对迷信，宣扬无神论思想，其实范缜也是一位清廉正直、勤政爱民的父母官。在任晋安太守期间，他过着俭朴的生活，除领取俸禄外，分文不取，处理政务时刚正不阿，受到当地百姓的称赞。不久，范缜被调回京城，任尚书左丞。当时有一个不成文的"官场习俗"，地方官调进京城都要拜见朝中的显赫人物，给他们带地方的土特产品或各种礼品。范缜却公开说："我谁都不拜访，但是要拜访王亮；我谁都不馈赠，但要给王亮送些礼。"王亮是何许人？范缜为什么要这么说呢？原来王亮做过尚书令，无故被罢了官，接替王亮的人比他才能差很多。范缜拜访王亮，一是为其打抱不平，二是表明自己的态度。要知道，在当时的社会里，趋炎附势、随波逐流，甚至落井下石者大有人在。范缜的这个举动，既是对社会陋习的一种反抗，也体现了他对梁朝用人的不满。

更有一件事，让范缜与萧衍起了正面冲突。原来，萧衍也是虔诚的佛教徒。他在位期间，甚至多次放弃皇帝之位出家，朝廷花费大量钱财才从寺庙里将其赎出来。后世学者称其为"菩萨皇帝"，可见他对佛教的痴迷和推崇。在萧衍的影响和提倡下，仅京城就有佛教寺院五百多所，僧尼十万余人。由于佛教徒可以免税、免役，所以投身佛寺者众多。据《南史》记载，国家差不多有一半户口被寺院控制。有些人其实并不信奉佛教，只是为了免除赋役才出家，这大大削弱了国家的劳动生产能力。

范缜的神灭思想与萧衍格格不入，于是一场关于神灭、神不灭的辩论又开始了。只是这次的辩论规模更大、级别更高，体现在梁武帝亲自出面，率领朝廷显贵、大臣、僧侣一起上阵。萧衍还亲下诏书，将"神灭"思想定性为"违经背亲，言语可息"，又下令辩论的双方写出"自设宾主"的论文。即使对面是皇帝，范缜也没有退缩，他坚持真理，迅速撰写了《神灭论》。如今，这篇文章被收录在《梁书·范缜传》中，全文一千八百余字，生动鲜明地阐明了"神灭"的道理。此文用当时流行的"自设宾主"的问答体写成，双方论点鲜明，相互诘责，层层展开、步步深入，读起来酣畅淋漓。

这场论战不久，范缜被调任国子博士，他上书推荐裴子野，但由于裴子野出身"贫贱"，所以没有成功。不久，范缜便去世了。

《神灭论》的主要内容

《神灭论》集中体现了范缜的无神论和朴素唯物主义思想。

第一，书中用"形神相即"的观点批判有神论中"形神相离"的灵魂不灭论，第一次打破了此前无神论者在"形神关系"问题上的二元论倾向。范缜在《神灭论》的开篇就提出"神即形也，形即神也。是以形存则神存，形谢则神灭"的基本命题。这里的"即"是"不离"的意思。也就是说，人的精神是离不开形体的，人的形体消亡了，人的精神也就灭亡了。范缜的这个观点有力地驳斥了有神论者的"灵魂不灭"论，把中国古代的无神论思想向前推进了一大步。

第二，范缜用"形质神用"的观点明确了形神的体用关系，批判了神不灭论的"形神不共亡"的唯心主义世界观。为了进一步论证"形神相即"的观点，范缜批判了"形非即神也,神非即形也"的错误观点,认为形神两者是相互依存、不可分割的。他用"刃利之喻"说明形体与精神的关系。形体是"刃",精神是"用"。"形"是"质"、是"刃",是本体、本原;"神"是"用"、是"利",是"形"的功能、作用。形体和精神是统一的整体,是不可以分离的。这就彻底批判了神不灭的唯心主义世界观,促进了古代朴素唯物主义思想的发展。

第三,针对神不灭论者的种种诘难,范缜指出:"人之质,质有知也;木之质,质无知也。"意思是,树木是无知的物质实体,人是有知的物质实体,人的质与木的质是有区别的,其功能、作用必然不同。离开了特定的"人之质",就没有独立存在的精神和灵魂,而且人从生到死,木从荣到枯,都是生命变化的自然法则。这说明范缜已观察到了事物的差异性、多样性和规律性,从当时的科学和认知水平来讲,确实是了不起的成就。

第四,范缜用"教之所设,实在黔首"揭露统治者宣传鬼神迷信、神不灭思想的政治根源。当人们用信奉鬼神的事例论证神不灭时,范缜不畏强权,一针见血地指出鬼神是不存在的，那些为政者之所以肯定鬼神的存在，是政治上的需要，为的是便于对人民实施"教化"。这个说法十分大胆，体现了范缜勇于为真理献身的大无畏精神，值得后人学习。

第五，范缜对鬼神问题进行了唯物主义解释。他说："妖怪茫茫，或存或亡。强死者众，不皆为鬼，彭生、伯有，何独能然？"意思是，奇怪的事是渺茫的，遭到凶死的人太多了，没听说都变成了鬼，为什么单单彭生和伯有死后变成了鬼呢？他又说，人的生命是由物质性的"形"和"气"形成的。人死，形气俱灭，哪里还会有独立不灭的精神和知觉存在呢？

总之，《神灭论》严厉驳斥了"神不灭"的谬论，谴责了封建帝王和世家大族佞佛所造成的社会危机，让人们认识到了形和神的关系和本质，是对迷信思想的批判，是范缜留下的宝贵的精神财富。

范缜的历史贡献

有学者提出，范缜是中国无神论发展史上的巨人，他的《神灭论》是中国思想史上的一颗明珠。一千多年来，这颗明珠散发着不灭的光辉，对后世产生了深远影响。

的确，范缜对神不灭论展开了深刻批判，他紧紧抓住形神关系这一哲学根本问题，进行了唯物主义的系统论证。在这一问题上，他超越了以往唯物主义思想家所能达到的水平，可谓集大成者。此后，中国封建社会各个历史时期的唯物思想家，在形神关系问题上，再也没有更加深入的论证。

总结起来，范缜的历史贡献包括以下几点：

首先，范缜正确地提出了身体（形）与精神的关系，指出身体是第一性的，精神是第二性的。这在理论上给了"神不灭"论致命打击。

其次，范缜用"形神相即"的唯物主义形神一元论，反对"形神相离"的唯心主义神不灭论，而且避免了以往唯物主义者以"精气"说明精神活动的理论缺陷。"精气"学说，虽然认为精神是由物质产生的，但又把"精气"看成可以离开人的身体、能自由出入身体的物质，从而给灵魂不死和精神不灭留下了置喙余地。

再次，范缜明确指出，人的精神产生于物质器官——"心"。在当时的科学水平下，这种解释是符合唯物主义原则的。

最后,范缜以神灭论为武器,揭露了当时统治者和门阀士族利用佛教神学剥削压迫百姓的事实,继而提出统治者要减少浪费、力戒奢侈,要关心百姓的生产和生活,要制定和完善法律制度以富国强兵、造福人民等观点。客观上说,范缜的观点反映了广大劳动人民的疾苦,说出了百姓的心声,顺应了历史发展的趋势,具有进步意义。

作为南朝时期的无神论者和唯物主义思想家,范缜的成就是卓著的。他不随流俗、不畏权贵、刚直不阿的品质,以及坚持真理、矢志不渝的精神,更值得后人称赞和学习。

玄奘

丝绸之路上的文化使者

玄奘（602—664），俗姓陈，名祎（一说名祎），唐代著名高僧，法相唯识宗创始人，被尊称为"三藏法师"，后世俗称"唐僧"，与鸠摩罗什、真谛、不空并称为中国佛教四大译经。其主要事迹记载于《旧唐书·玄奘传》《大慈恩寺三藏法师传》和《大唐西域记》中。玄奘的西行经历、翻译经书与创宗活动，为古代中国与古代印度的文化交流，以及中华文明吸收外来文化作出了杰出贡献。

由于《西游记》（无论是图书还是电视剧）的流行，我们都知道唐朝有个"唐三藏"，他骑着白龙马，带着孙悟空、猪八戒、沙僧三个徒弟去西天取得真经。然而，"唐三藏"虽然深入人心，但要说到他的原型人物——玄奘法师，真正了解的人恐怕就不是那么多了。生活于隋末唐初的玄奘法师是值得我们认识的杰出历史人物，用今天的话说，他不但是佛教界的大德，而且是佛学家、翻译家、旅行家，在中国的佛教史上有不可磨灭的影响，对中华民族与中亚、南亚各国的沟通交流也有重大贡献。

玄奘的生平经历

　　隋文帝仁寿二年（602年），玄奘出生在洛阳缑氏

（今河南偃师）的一个知识分子家庭，俗家名字叫陈祎（一说叫陈袆）。据他的弟子慧立撰写的《大慈恩寺三藏法师传》中追述，陈祎的祖父陈康在北齐时曾任国子博士（中央官学的教师）。陈康之子陈慧精通儒学，但没有做官，陈祎是陈慧之子。陈祎自八岁起跟着父亲读书，父亲去世后，十一岁的陈祎跟着已出家的兄长到了洛阳净土寺，十三岁时正式出家为僧，法号玄奘。到唐太宗贞观初年，二十多岁的玄奘已经是"誉满京邑"的佛教界新秀。青年时期的玄奘曾向多位高僧求教，发现各家对佛理的解说均有不同，而且当时现有的佛经不足以作为判明是非的依据。为解决疑惑，玄奘决定前往佛教的发源地印度，把"原汁原味"的佛学带回国内。

与《西游记》的情节不同，历史上真实的玄奘西行，并未得到唐朝政府的支持和帮助。据《大慈恩寺三藏法师传》的记载可知，玄奘曾经与多位僧人共同上表请求前往印度，但"有诏不许"，同伴都打了退堂鼓，只有玄奘坚持去印度求法。贞观三年（629年）秋季，玄奘毅然踏上了西行的旅途。

当时，唐朝正与北方的突厥交战，不许百姓前往国外，幸而玄奘得到同情者的帮助和指引，才得以继续西行，并通过了玉门关。玉门关外是一片茫茫的戈壁，多数地方无水无草，沿途补给全仗绿洲。在这段路上，玄奘一度迷路，又失手打翻了水袋，四夜五日无滴水入喉，最终还是靠所骑惯走戈壁的老马找到一处无人的绿洲，才得以到达伊吾。

到达伊吾后，玄奘被高昌王麴文泰迎请到高昌。麴文泰深信佛教，他对玄奘礼遇甚隆，一心想要将他留下。为了争取西去的自由，玄奘被迫绝食明志。麴文泰见玄奘志向坚定便与他结为兄弟，还为他写了给西突厥叶护可汗和沿途各小国国王的介绍信，又置备了丰厚的行装，派人护送玄奘前往突厥的汗庭。虽然麴文泰的准备已经非常周到，但玄奘在从高昌到突厥汗庭的路上仍然遭遇了诸多危险，先是两次遭遇盗匪劫夺行李，之后又在翻越凌山（今耶木素尔岭）时遇到了雪崩，随从冻饿而死的多达十之三四。经过突厥可汗的广阔属地之后，玄奘到达了迦毕拭国（今阿富汗的贝格拉姆），与当地国王及僧俗人士接触交流后，向东越过黑岭，到达了北印度的滥波国。

到达北印度之后，玄奘正式开始了求学之路。印度是佛教的发源地，有很多佛学修养深厚的高僧。玄奘不仅沿途巡礼佛教史迹，参拜佛教圣地，而且每到一国一寺，就向当地的高僧大德请教，学习佛教经典和理论知识。其中，最重要的学习经历是在中印度摩揭陀国的那烂陀寺师从戒贤法师学习。玄奘"在寺听瑜伽三遍。顺正理一遍。显扬对法各一遍。因明声明集量等论各二遍。中百二论各三遍"，又进一步研究了俱舍论、毗婆沙论、阿毗昙论等之前已学的典籍。玄奘深得戒贤的精义，学习数年后，戒贤不但命他为寺内僧众讲授经论，而且允许他参与针对教义的辩论。由于玄奘广学大乘、小乘各派的教义，甚至肯放下身段向曾败给自己的论敌求教，他的学问长进很快，声誉也越来越高，甚至受到了印度各邦国统治者的尊重。

印度诸邦国中，以中印度的羯若鞠阇国实力最强，国王戒日王虔信佛教，闻知玄奘的名声便命人迎请他相见，又在国都曲女城为玄奘举行了盛大的法会。据记载，参与法会的不仅有印度十八个邦国的国王、大臣，还有不同宗派的僧人数千，婆罗门教等其他教派（当时称为"外道"）的学者两千多人。在法会上，身为"论主"的玄奘不仅宣讲了自己的理论，而且将讲论的内容写成文章悬于会场门外，宣示大众，声言如被观众驳倒，论主愿斩首相谢。然而在十八天的法会期间，竟无一人能驳倒玄奘。会后，玄奘又随戒日王参加了五年一度的无遮大会，目睹了戒日王等贵族施舍与会大众的盛大场面。

　　无遮大会结束后，玄奘向戒日王辞行，取道北印度回国，贞观十九年（645年）正月到达京城长安。玄奘带回国的，除在西域收集到的舍利、佛像等佛教法物外，最主要的是在印度和于阗收集到的佛经，共六百五十七部。唐太宗李世民数次接见玄奘，先后赐居长安弘福寺和大慈恩寺，专职翻译携回的经论，并选精通大小乘经义的僧人十二人、有文采的僧人九人、精通梵文的僧人一人，辅助玄奘工作。玄奘在长安译经近二十年，前后译出经论一千余卷，并在大慈恩寺建塔储藏从西域携回的经书，即今天的大雁塔。麟德元年（664年），玄奘病情日益严重，被迫停止了译经工作，最终在当年二月五日结束了辛勤的一生。

中印友好的桥梁

　　如果我们以"前半生"和"后半生"概括玄奘的生

平，则从他出生到西行的二十七年可称为"前半生"，而从西行到他去世的三十五年可称为"后半生"。玄奘西行时只是一个年未而立的青年僧人，及至回国时却已近知天命。他把一生之中最好的时光献给了西行求法，又将余生的大部分时间用于译经。从玄奘本身的想法来说，付出这样的辛苦主要是为了精研佛理、传法度人，但从客观上说，玄奘的求法之旅实际也是中印之间加强交往、深化友谊的一个契机。

作为亚洲的两大文明古国，中国和印度之间早已建立了联系，既有文化交流，也有贸易往来。但是，当玄奘毅然踏出国门时，唐朝和印度之间几乎已经不通音问。据《旧唐书·天竺传》记载：

贞观十五年，尸罗逸多自称摩伽陀王，遣使朝贡，太宗降玺书慰问，尸罗逸多大惊，问诸国人曰："自古曾有摩诃震旦使人至吾国乎？"皆曰："未之有也。"乃膜拜而受诏书，因遣使朝贡。

这里提到的尸罗逸多，即前文的戒日王。他本是羯若鞠阇国的国王，所谓"自称摩伽陀王"，大概是因为佛经对摩揭陀国和以其为中心的难陀王朝记述较多，为我国所熟悉的缘故。以戒日王的地位之高、见闻之广，尚且对中国官方遣使到印度感到惊讶,认为是自古未有的大事、奇事,可见中印两国已经颇为疏离。玄奘西行求法到达印度之后,最初颇因来自中国的身份遭人侧目,后来他凭借过人的才智和佛学修养,将轻视他的人一一折服,才受到当地僧人的敬重,这也在一定程度上反映了中印两国人民的相互了解非常有限。玄奘敢于在这样的历史背景下前往万里之外的印度,确实是难能可贵的。

在国内的时候,玄奘是佛教僧侣中的后起之秀,当时有人将他誉为"释门千里之驹",认为他将来必成大器。踏上西行之路后,玄奘先后到过伊吾、高昌以及突厥的多个属国,由于他佛学修养深厚,凡所到之处王公贵胄、佛教僧徒莫不钦重。可以说,玄奘在西行路上,除了受到盗匪威胁和要面对恶劣的自然环境之外,还是比较顺利的。作为一个前半生饱受赞誉的青年僧人,玄奘到达印度后能够保持虚心向学的态度,每到一处佛教寺庙都停下来问学参礼,着实很不容易。

当然,玄奘的好学也为他带来了很多回报。例如,在国内时,玄奘已经学过毗婆沙论和俱舍论,但未能精究大乘佛教的重要典籍《瑜伽师地论》。西行时他沿途寻求,也未得传授。到印度的那烂陀寺后,玄奘得到戒贤法师的青睐，留他在寺中学习，不但得以学习包括《瑜伽师地论》在内的佛教学术，还学习了婆罗门教和印度教的经典"记论"，这大概是因为印度佛教经典中有一些内容来自婆罗门教，需要了解梵书才能真正理解的缘故。据文献记载，戒贤对玄奘是很优待的，由寺院每天供给他赡步罗果一百二十枚、槟榔子二十颗、豆蔻二十颗、龙脑香一两、供大人米（一种香粳米）一升，每月给油三升，酥乳等奶制品则按需供应。那烂陀寺有僧众万余人，而能够享受这样待遇的，连玄奘在内只有十位。这种优厚的待遇，反映的其实是印度佛教界对玄奘的友善与支持。为什么玄奘能获得这样的待遇呢？按佛教徒的说法，是因为戒贤法师梦到文殊菩萨、观世音菩萨和弥勒菩萨前来，告诉他将有中国僧人来寺求学，要他向中国僧人传授学问。然而按照常理，比较可能的解释应是玄奘自进入印度以来，表现出勤学好问的精神以及出色的才智，故而本人尚在他国，名声就已经传到了那烂陀寺，并获得了戒贤法师的关注。玄奘在那烂陀寺苦学五年，占据了他在印度求学大约1/3的时间，既进一步提高了佛学修养，又结识了许多志同道合的学友，即使在归国后也还有书信往来。直到唐高宗时，玄奘在那烂陀寺的同学智光及旧识慧天等仍来信问候,可见他们之间有着深厚的友谊。

更为难得的是玄奘不贪恋声名与富贵的精神。前文曾经提及,玄奘刚离开唐朝国境不久,高昌王麹文泰就想把他留在高昌供养,玄奘不惜以死明志,才换取了麹文泰的放行。其实,在突厥汗庭叶护可汗也曾经用"前途艰险"的理由挽留玄奘。后来在印度,玄奘因学问过人受到尊敬,有一位"尼乾子"(印度古代苦行教派的教徒)借着占卜的由头,劝说玄奘留在印度:"您留下来的话,五印度无论僧俗,无不敬重您。您如果回国,虽然也会很好,但受到的敬重不如在印度。"但玄奘仍一心想要回国。当他真的要离开印度时,不但戒日王一再挽留,另一位国王鸠摩罗王也表示:"师能住弟子处受供养者,当为师造一百寺。"也被玄奘谢绝。其实,玄奘在归国途中仍然屡历艰险,除了要翻过雪山、渡过河流之外,还不时遇到拦路抢劫的盗匪。如果仅从个人的安乐角度来说,定居印度、受王公优礼供奉才是最安稳的选择。然而玄奘坚持东归,终于将大量经书带回国内。这种坚忍不拔的意志力,以及为理想不惜牺牲的信念,是值得我们学习的。

薪火相传"取经人"

其实,像玄奘这样的"取经人"在我国历史上还有好几位。玄奘于贞观元年(627年)起意西行时曾说:"昔法显、智严亦一时之士,皆能求法导利群生,岂使高迹无追,清风绝后?大丈夫会当继之!"他所提到的"法显"和"智严",就是东晋时期的两位"取经"高僧。

法显是东晋十六国时期的北方名僧。东晋隆安三年(399年),法显从长安出发,与玄奘一样也经西域到达今阿富汗境内,再翻越葱岭进入印度,在摩揭陀国学习经律,后由海路携经书归国,并于义熙九年(413年)到达东晋的都城建康。次年,法显将自己从西行到归国的经历撰写成书,就是我们今天仍能见到的《佛国记》。法显是中国经陆路到达印度,又由海上回国的第一人,他的《佛国记》也是记述中国和印度间交通往来的最早一部文献。法显虽然不像玄奘在印度获得了极高的声望,归国后又全力投入翻译佛经的工作,但他的开创之功是不可磨灭的。

智严也是东晋末期人,他周游各地,广泛接触有才能的僧人,问学求道。智严曾到罽宾国(在今阿富汗)

求法，据说只用三年时间，就完成了旁人十年的修行内容，获得了当地僧团的尊重。智严临回国前，还邀请当地的高僧佛驮跋陀罗来华讲学。虽然没有到达印度，但智严的活动也为中国与周边国家和地区加深了解和沟通起到了一定的促进作用。

从历史发展的角度看，玄奘虽继承的是法显与智严的事业，但他的成功又鼓舞了许多后继者。比玄奘小三十多岁的另一位唐代名僧义净法师就评价道："观夫自古神州之地，轻生殉法之宾，显法师则创辟新途，奘法师乃中开王路。"实际上，义净也是受到玄奘事迹激励的僧人之一，他从唐高宗咸亨二年（671年）乘海船前往东南亚，经室利佛逝国（今苏门答腊）、马来半岛到印度，在印度周游、学习十一年，之后又回到室利佛逝，从事翻译、著述的工作将近十年，最终于武周证圣元年（695年）回到国内。义净著有《大唐西域求法高僧传》二卷，记述了自玄奘回国之后的四五十年间到印度求法的僧人名讳和事迹，其中有中国僧人五十余人、新罗僧人八人、中亚诸国僧人二人。这些僧人有的携经归国，有的终老异乡，也有不幸者以身殉道，无论成败，他们都和法显、玄奘一样，在中国和南亚、东南亚地区之间架起了友谊的桥梁。

其实在古代历史中，中国僧人不只扮演了"取经人"的角色，也是向周边文明传播文化的重要"使者"。盛唐时期的僧人鉴真应日本来华僧人的邀请，决定赴日传法，自天宝元年（742年）起，先后五次率众东渡。由于航程中屡遭海难，又时有人事干扰，所以均以失败告终。然而鉴真并未动摇，以老病目盲之身，于天宝十二载（756年）第六次东渡，终于到达了日本。鉴真赴日，不仅带去了佛教的律宗一派，而且向日本人传授了医学、建筑、绘画、书法、雕塑等领域的知识，对日本文明发展的影响甚为深远。据日方文献记载，鉴真去世时，日本人称之为"真菩萨"，可见日本对致力传播先进文化的鉴真是怎样的崇敬与感激。

从法显到玄奘，从义净到鉴真，佛教僧侣为传播文化付出了大量心血，在一定程度上成为中华文明与其他文明交流的纽带。值得注意的是，玄奘、鉴真等人都是在或前途无量，或功成名就的时候，为了求法、传法而放弃了在本国的地位，踏上了远行之路。他们这种为了实现理想不惜付出一切的伟大精神，值得后人纪念和学习。

今天，文化已经成为介入"一带一路"倡议的前置性领域，故而在"一带一路"建设中，我们更是有必要以玄奘等人的精神鼓舞自己，一方面学习其他国家的优秀文化，另一方面将我们的优秀文化传播出去。通过文化的交流与合作，我们一定能够实现各国相互理解、相互包容、相互借鉴、相互欣赏，做到"兼收并蓄，融会贯通"，最终做到全方位的合作共赢，以便让玄奘的精神在今日的世界发扬光大。

刘晏

大唐理财家

刘晏（716或718—780），字士安，曹州南华（今山东东明县）人，唐中期著名改革家、理财家。《旧唐书》卷一二三、《新唐书》卷一四九有传。

刘晏幼年才华横溢，号称"神童"，名噪京师，《三字经》中就有"唐刘晏，方七岁。举神童，作正字"之语。成年后，刘晏出任地方官，廉洁奉公，体察民间疾苦，施行惠民之举，颇有能名，赢得了百姓的赞誉。后来，刘晏到中央做官，"领度支、盐铁、转运、铸钱、租庸使"，从此开始了为朝廷理财的工作。他改革盐政、整顿漕运、恢复"常平法"，为安史之乱后唐朝经济的恢复和发展作出了很大贡献。他"理财以爱民为先"的理念，更对后世产生了深远影响。

《三字经》里说道:"唐刘晏,方七岁。举神童,作正字。彼虽幼,身已仕。尔幼学,勉而致。有位者,亦若是。"文中提到的"神童"刘晏,就是唐中期中国历史上著名的改革家、理财家。

小"神童"初露才华

刘晏,出生于唐玄宗开元四年(716年)(一说开元六年)。当时,刚继位不久的玄宗皇帝励精图治,任用姚崇、宋璟为相,改革弊政,减轻赋税,社会经济由此得到发展,百姓的生活水平不断提高,最终开创了"开元盛世"的局面。刘晏就是在这个"盛世"中度过自己的童年的。

刘晏从小读书就非常用功,加之天资聪颖,作得一手好诗文，为人所称颂。开元十三年（725年）唐玄宗率百官封禅泰山。此时一礼官上奏说有个孩童写了篇《东封书》要献给皇帝，玄宗下令召见。刘晏进殿后毫不胆怯，跪诵自己所写的这篇文章。唐玄宗听后大为惊讶，但又不相信这么小的孩子会有如此高的才气，便命宰相——号称"当朝师表，一代词宗"的张说出题，当场测试刘晏的学识。刘晏对答如流，出口成章。在座的公卿大臣无不交口称赞，张说更是不吝赞美之词，称其为"国瑞""奇才"。经过这场测试，刘晏被皇帝带到长安（今陕西西安），任秘书省正字。从此，刘晏"神童"的美誉传遍了长安城，拜访者络绎不绝。

秘书省设在中书省下，是唐代的藏书机构。秘书省正字是秘书省的一个小官，主要做一些文字校对的工作。刘晏当时年纪尚小，并不能真正胜任这个官职。实际上，刘晏在秘书省得到了很好的读书机会，在皇家图书馆里，他积累知识，开阔视野，为其后来仕途的发展打下了良好而坚实的基础。

有一次，皇帝召见刘晏，问道："卿为正字，正得几字？"这显然是一句开玩笑的问话，玄宗也知道刘晏在秘书省并未真正参与校对工作。想不到刘晏却回答说:"天下字皆正,独朋字不正。"原来,古代书法写"朋"字的时候是歪向一边的,如多,这句话实乃一语双关,不仅说出了"朋"字的字形结构特点,还寓意深刻地指出了当时朝廷朋党相互勾结倾轧的弊病,成了饶有趣味的字谏。刘晏的机智和幽默显现于此。

从地方官到理财家

刘晏成年后出任地方官,任夏县(今山西夏县)县令。当时已是天宝年间,玄宗逐渐丧失了早年励精图治的精神,终日沉迷于声色。在安逸的日子里,他一天天地腐化下去,朝政也一天天地紊乱,曾经较为清明的吏治也一天天地败坏。史称"天子骄于佚乐而用不知节,大抵用物之数,常过其所入。于是钱谷之臣,始事朘刻";藩镇节度使也"乘机逐利,四出侵暴";地方郡县的官吏,更是营私舞弊,中饱私囊,搜刮百姓的现象屡见不鲜。然而,刘晏却没有与这些人同流合污,他保持公正贤良的品质,立志为官一任,造福一方,做一个称职的"父母官"。刘晏到任后,不仅廉洁奉公,不准属下勒索百姓,还深入乡里尽力扶持农业生产,施行惠民的举措，不催征，不加派赋税，颇有能名。

后来，刘晏补温县（今河南温县）县令。他体察民间疾苦，在自己管辖的范围内尽力保证按常赋征收，不额外加赋，并为地方做了不少好事。史书记载他"所至有惠利可纪，民皆刻石以传"，可见刘晏的举措赢得了百姓的称赞。不久，"再迁侍御史"掌管纠察百官以及讼狱之事。

天宝十四年（755年），安史之乱爆发。安禄山率兵占领了黄河南北的广大地区，东都洛阳、西京长安相继失守，百姓陷于水深火热之中。此时，玄宗奔蜀，他的儿子李亨在灵武（今宁夏灵武市）称帝，即唐肃宗。肃宗下令发兵抗击安史叛军，百姓也盼望能早日结束乱局，恢复安定的生活。可是玄宗的另一个儿子永王李璘却趁机割据江陵四道（山南东道、江南西道、岭南道、黔中道），企图夺取皇位。他招兵买马，广搜贤才，以扩张自己的势力。刘晏当时正避乱居住在襄阳，这里正是永王管辖的区域。由于刘晏已经有较大的名声，因此"永王璘署晏右职"，就是给刘晏很高的职位让他来自己的幕府做事。刘晏不仅对形势的判断很准确，而且看出了永王的"不轨"行径，固辞不就。刚继位的肃宗也清楚刘晏的才干，乃任命他为"度支郎中，兼侍御史，领江淮租庸使"，负责管理江淮地区的赋税。

由于北方遭遇战乱，人口减少，经济凋敝，朝廷的财政收入只得依靠江淮地区支撑，所以刘晏此次受命责任重大。谁知刘晏刚到吴郡，永王就率兵沿江东下，前来袭击。刘晏竭力劝说江南采访使兼吴郡太守李希言出兵抵抗。起初永王的军队还占些优势，但刘晏坚信江南可守，永王必败，于是他发动义兵扼守城池和各处要塞。永王得知刘晏有所防备，乃率兵西逃。这次战斗，刘晏有很大的功劳，但他从不说自己的功绩，始终低调行事。

肃宗至德二年（757年），唐军收复长安。这一年，刘晏先任彭原（治今甘肃宁县）太守，又任陇（今陕西陇县）、华（今陕西华县）二州刺史等职。不久，又迁河南尹。

上元元年（760年），刘晏调任京兆尹，同时以户部侍郎兼御史中丞、度支铸钱盐铁等使，开始接触和管理唐中央的部分经济工作。京兆尹是唐朝首都长安和附近地区的行政长官，任务比一州一郡要繁重得多，特别是刚刚经历过战乱，事情更是棘手。

刘晏在这个职位上得罪了司农卿严庄。严庄在肃宗面前诬告说："刘晏居功自傲，不把皇帝您放在眼里，更是常常把您说过的话泄露出去。"肃宗听后大怒，不问情由就把刘晏贬为通州（治今四川达州）刺史。

刘晏在通州做了半年的官。宝应元年（762年），肃宗去世，其子李豫继位，是为代宗。代宗十分器重刘晏，将其召回，"复为京兆尹、户部侍郎，领度支、盐铁、转运、铸钱、租庸使"。不久，又升迁吏部尚书，同中书门下平章事，度支诸使如故。从此，刘晏开始着手进行理财的工作。

平敛赈救，发展生产

安史之乱给百姓生活和农业生产带来了极大伤害，这是造成社会不稳定的因素之一。刘晏亲眼见到"人不堪命，皆去为盗贼"的场景。上元、宝应年间，浙皖一带袁晁、方清等的起义，"民疲于赋敛者多归之"。刘晏总结这个教训，上任后立即"罢无名之敛"，"通计天下经费，谨察州县灾害，蠲除振救，不使流离死亡"。

刘晏特别强调赋税持平，反对横征暴敛，提出"常岁平敛之，荒年蠲救之，大率岁（丰收之年）增十之一"。就是通过"平敛"的方式调节赋税，以保护农民的生产积极性，缓和社会矛盾，不至于使百姓因赋税沉重而逃为盗贼。大历年间，河南镇将李灵耀叛乱，当地"节帅或不奉法，擅征赋，州县益削"，导致州县上缴的赋税大大减少。刘晏则"以羡补乏，人不加调"，既保证国用，又不增加百姓的负担，体现了"平敛"的功效。

"平敛"解决一般性的矛盾，"赈救"则是为了解决特殊时期的问题。刘晏理财不仅重视农业上的灾情，而且重视赈救的实际效果。他分析以往赈救的弊病是"吏下为奸，强得之多，弱得之少"，国家盲目赈济，"赈给少则不足活人"，发放多"则阙国用，国用阙则复重敛矣"，这显然是一个恶性循环，最终受苦难的还是百姓。为此，刘晏推行了新的赈救措施。

一是灾前赈救，这是未雨绸缪的举措。刘晏在地方设立"知院官"，要求他们平时注意所管州县的农业情况，及时反映是否有歉收的预兆，并根据灾情制定救灾计划，如"某月须如干蠲免，某月须如干救助"。这样灾害一旦发生，不等州县申请，救灾的方案和物资就已经确定和发放,能够"应民之急",百姓由此而安居乐业。

二是以副业救灾。受灾害的地方虽粮食不足,却有特产和副产品可以开发。刘晏下令受灾地区自行加工土特产,再转运到别的地方进行售卖,或者由国家用谷物进行交换。这样灾区百姓"自己动手",不仅可以度过饥荒,恢复生产,而且还保证了国家的用度,利国利民。

三是恢复"常平法"。刘晏借鉴汉宣帝时期耿寿昌的"常平法",设置"常平仓",国家拨专款购买谷物储藏其中。这样,不仅使救灾有了可靠的保障,还可以利用"常平仓"作为后盾,向市场投放商品粮,"丰则贵籴,歉则贱粜",以此调节和稳定市场粮价,防止谷贱伤农,谷贵伤民。此外,刘晏还推行了一系列修养民力的措施,既促进了农业劳动力的增加,也保证了农业生产的发展。

改革盐政,成效显著

食盐是百姓的生活必需品,在市场上占有重要的地位。唐初期，开放盐禁，不收盐税。开元年间，有人建议政府从大商人手中收回这一利益，以充实国库，结果遭到了大商人的反对，盐业官营没有施行，只是开始征收盐税。安史之乱后，唐朝政府的财政出现危机，于是开始实行食盐专卖。办法是在产盐地区设置"监院"，管理盐务。凡是生产食盐的人，经政府查验后给他们落户籍，这些人称为"亭户"。亭户每人每年产盐有定额，所产食盐全部由盐官收买，私自煮盐卖给商人的要被判罪。盐官收盐后转运各地，官府再设店卖给百姓。

这就是当时的民制官收、官运官销的食盐专卖制度。这样的做法虽然对于国家财政收入确实有好处，但是对百姓来说却是灾难。为什么呢？原来，盐由官府自卖，有时卖不掉就强迫百姓购买，甚至分摊到每个人头上，而且官府卖盐只收现钱和绢帛，概不赊欠，也不换购，缺少钱或绢帛的农民只好不买盐。此外，盐由官府运输，却向民间征调运输工具，名为出钱雇用，实际上也是硬性摊派，百姓深有怨言。

刘晏任盐铁使，自然关注盐政的得失。他上任后，开始着手整顿其中的弊病。

刘晏认为，盐务的好坏关键在得合适之人而不在官多，盐官多了，不但增加了政府开支，而且还给百姓带来不便。从这一点出发，刘晏裁汰不称职的盐官，清除鱼肉乡民的贪官。他重新改组监院，把产盐少的地方的监院撤销，只在主要产盐区保留十个盐监和四个盐场。盐监是管理食盐生产和收购的机构，盐场是中转的地方，各个盐监所收的盐都在这里集中，再分运到各地。监、场的负责人都是经过严格挑选的，要求品行端正，有真才实学或盐务工作经验。刘晏对这些人放手使用，让他们每个人都充分发挥自己的才能。经过整顿，盐务工作有了极大改善。

另外，考虑到盐官负责运销食盐流程中的弊病，刘晏决定把官运官销制改为"就场专卖制"。亭户所生产的食盐仍由盐官统一收购，不许私自卖给商人；盐官所收食盐在盐场转卖给盐商，食盐的流通税就包含在盐价之中；商人缴纳盐款后，可以自行运销，不受限制。这就是民制官收、商运商销。这种做法，不仅保证了国家的盐税收入，而且控制了大商人，更为政府节省了人员和开支。

至于那些偏远的地区，为了防止商人高抬食盐的售价，刘晏设置了"常平盐"，"转官盐于彼贮之。或商绝盐贵，则减价鬻之"，最终使"官获其利而民不乏盐"。

刘晏开始管理盐务时，江淮盐利不过四十万缗，到了大历末，增加到六百万缗，占全国财政收入的一半，宫廷和政府的各项支出，在很大程度上依赖盐利。

整顿漕运，不劳郡县

"漕运之制，为中国大政。"这是康有为对漕运重要性的评价。确如康氏所言，漕运对保证中国古代王朝的基本需要，维护其统治，有着不可忽视的经济和政治作用。

唐朝定都长安，在城市人口渐渐恢复后，首都的供给出现了巨大的缺口，临近的关中地区所产的粮食远不能满足首都的需求，所以不得不从东南各地征收。此前，运粮的主要通道是水路，自淮河至汴水，再经黄河转渭水进长安。但安史之乱破坏了这条漕运路线，只得改道，从而兜了大圈子，时间成本、运输成本纷纷上涨，甚至造成了长安城内的普通百姓三餐不继，生活艰难。刘晏接管经济工作后，决心解决漕运问题，打通交通动脉。

刘晏上任后，在短时间内沿着泗水、淮水、汴水、黄河各河段对水道、堤防进行全面实地考察，并总结前人治漕的经验教训。在勘察期间，他结合漕运沿岸不同的自然环境和经济条件，对漕运改革作出了具体分析。他认为沿用原有的漕运河道虽然是相对便利、节约的办法，但是由于安史之乱，这条线路的汴河段已经废弃，其他河段也不同程度地遭到破坏。因此，想用原来的漕运路线，就必须疏通淤塞废弃的河道。于是，刘晏征用大量工人，挖淤泥、清河道，在较短的时间内使汴水入淮。最终使各河段畅通无阻，恢复了安史之乱前的漕运路线。

刘晏还采取分段接运的方法。每段水路都有专属的船只，每条船在其负责的水段内运输。这样就节省了时间和人力，提高了运输效率。与此同时，漕船的工作人员长时间在所属河段行船，对该水段的情况也比较熟悉，可以保障运输的安全。

另外，以前的漕运不论是船只还是运输都是由私人承办的，这在很大程度上脱离了唐朝政府的管理，再加上缺乏必要的监督，政府的漕运利益不能得到保障。刘晏考虑到扬州既是当时的经济中心，手工业发达，又是漕运的起点，因此在这里先后设立了十个官办造船厂。在船厂的管理上，刘晏注意到不法官员暗自克扣造船经费的问题，于是他挑选廉洁的官吏到船厂进行管理。在造船技术上，刘晏根据各个河段的水文特点建造不同的船只，以达到最佳的运输效果，从而为漕运奠定了坚实的基础。

还要指出的是，此前在漕粮运输的劳工，无论是船工还是运丁，都是无偿服役的。他们大多是被地方政府征派而来，没有任何保障，还时常被监督运输的船头苛待。特别是安史之乱后，劳工的负担加重，从而出现了懒散懈怠的情形，这当然不利于漕运的正常运行。刘晏总结经验，采用"始以盐利为漕佣"的办法，即国家将售卖食盐所得的一部分钱用于雇佣漕工。这就使漕运的劳动力得到保障，并提高了雇工的积极性，漕运因此得以高效运行。

刘晏的改革，使唐代的漕运达到了"不发丁男，不劳郡县"的效果，南方的粮食源源不断地运到长安等地，加之损耗减少，米价一直保持平稳。据记载，第一匹漕船到达长安时，百姓欢呼雀跃。代宗派遣卫士慰劳刘晏，说："卿，朕鄸侯也。"鄸侯就是辅佐刘邦的丞相萧何,将刘晏比作萧何,可见皇帝对他的评价之高。因为漕运的畅通,"自是关中虽水旱,物不翔贵矣"。

含冤而死,名垂后世

刘晏为官十分勤勉。上朝的路上,他在心里盘算着那套数字;退朝后,他就坐在官署里埋头批阅公文,红烛烧完几支,还不肯回去休息。他还常常在各地奔波,考察地方情况,督促、检查下属的工作,即使路过家乡曹州,也不回去探望一下。常衮在《授刘晏吏部尚书制》中说他"自劳于外,又竭心力。苟利于国,不惮其烦。领钱谷转输之重,资国家经费之本。务其省约,加以躬亲。小大之政,必关于虑",堪称历代为官的典范。

然而,刘晏的理财措施侵害了大官僚、大地主的利益,特别是减轻赋税、设置"常平仓"等措施,更是动了这些人的"奶酪",引起了他们强烈的不满。另外,刘晏深得皇帝的信任和重用,这些人对此很是嫉妒,认为影响了自己的官运。代宗去世后,其子李适继位,是为德宗。德宗更换了一批执政大臣,刘晏曾经得罪的一些人掌握了大权,他们将矛头对准刘晏,一步一步地对他进行陷害。

建中元年（780年），宰相杨炎让人散布流言诬陷刘晏，并极力劝德宗解除刘晏的财权。德宗不辨实情，同意了杨炎的意见。杨炎不依不饶，又借口"奏事不实"，把年过六十的刘晏贬到忠州（今四川忠县）当刺史。即使这样，杨炎仍不罢休，又派庾准前去监视刘晏。庾准只会阿谀奉承，他到任后捏造事实，说刘晏与他人通信，言辞中怨气很重，是想造反。德宗听后大怒，下令将刘晏处死。一代名臣，就这样含冤而死。

刘晏执掌财政大权近二十年，在他的政敌看来，身居高位又有大权，不贪污是不可能的事。刘晏死后，杨炎甚至提出要抄他的家，结果只有杂书和米麦而已。在事实面前，杨炎也不敢再毁谤刘晏了。

刘晏一生俭朴，他常说：居住但求安全，不必讲求富丽堂皇的宅第；饮食但求温饱，不必讲求菜肴的珍稀和丰盛；骑马但求稳健，不必讲求毛色的漂亮。虽然自己节省，但刘晏对他人却很厚道，自己的薪俸大多用于接济穷苦的亲友，甚至一些和他并不熟悉的读书人。这种勤俭而友爱的作风，值得后人尊敬和学习。

最后，我们来评价一下刘晏的理财措施。明代丘濬在《大学衍义补》中说"其（刘晏）理财以爱民为先"，也就是说，刘晏懂得增加财政收入的根本前提在于发展生产、安定人们的生活，反对单纯地掠夺和搜刮百姓。因此，他在赋税征收、食盐专卖、漕运改革以及赈济问题上，都是不断推行各种宽惠利民的政策，采取各种措施以协调国家和百姓之间的关系。他的理论是户口增多，生产发展，赋税来源自然扩大。应该说，这是符合当时社会情况和历史发展趋势的，从结果看，也取得了不错的成效——在一定程度上缓和了阶级矛盾和政府财政危机，安定了百姓的生活，使唐中期衰落的经济得到恢复和发展，其政绩无疑是值得肯定的。可以说，刘晏的理财方法不仅对当时的政治、经济有着一定的影响，而且在中国经济史上，也给后人留下了一份丰厚的文化遗产。

朱熹

理学集大成者

朱熹（1130—1200），字元晦，一字仲晦，号晦庵，谥号文，故又称朱文公。祖籍徽州婺源（今属江西），生于南剑州尤溪（今属福建尤溪）。南宋著名思想家、教育家、诗人，闽学派的代表人物，理学的集大成者，被世人尊称为『朱子』。其主要事迹记载在《宋史·朱熹传》中。朱熹于南宋高宗绍兴十八年（1148）举进士，历同安主簿、知南康军、知漳州等职，颇有政绩。朱熹一生致力讲学和著述，其《四书章句集注》被元、明、清三代定为科举取士的必读之书。南宋淳祐年间朱熹享祀于孔庙。

说起我国的古代经典，很多人会说到"四书五经"。所谓"四书"，就是《大学》《中庸》《论语》《孟子》的合称，它们既是我国元明清时期科举考试的必读书目，也是一般私塾生徒学习的基础教材。然而需要指出的是，在汉唐时期，这四种经典原本是各自独立存在的，将它们结为一集，合称为"四书"，是到南宋时才有的事情。开这一先河的，就是南宋思想家、教育家、诗人朱熹。

朱熹的生平事迹

按祖籍说，朱熹是徽州婺源（今江西婺源）人。他的父亲朱松在北宋时登进士第，任政和县（今属福建南平市）尉，遂移家闽中。南宋建炎四年（1130年），朱熹出生在尤溪。此前一年，金军渡江南下，攻陷建康府（今江苏南京）、越州（今浙江绍兴）等重镇，宋高宗乘船逃到海上，转赴温州，直至本年才得以借金军北撤的机会回到越州。而同在建炎四年，福建也发生了以范汝为领导的农民起义。可以说，朱熹是在兵火乱世中出生的。

虽然身处乱世，但父亲朱松并未因此放松对小朱熹的教育。绍兴四年（1134年），朱熹年方五岁，朱松就为他开蒙。绍兴十年（1140年），朱松因不肯附和秦桧，请祠（宋朝有所谓"祠禄官"，是领俸禄不视事的闲职）家居，专心教子。绍兴十三年（1143年），朱松去世。临终时，他嘱咐十四岁的朱熹要对刘子翚、刘勉之、胡宪三人"父事之，而唯其言听之"。朱熹对父亲奉命唯谨，从学于这三位学者。他在中年时回忆："某自十六七时下工夫读书，彼时四旁皆无津涯，只自恁地硬著力去做。至今日虽不足道，但当时也是吃了多少辛苦读书。"少年时在刘、胡诸师的指导下苦读经典，对朱熹来说不仅是宝贵的回忆，也是进德修业的重要一步。

绍兴十八年（1148年），十九岁的朱熹得中进士，既是少年登科，又是新婚燕尔，可谓春风得意。然而，年轻的朱熹并未像一些新进士那样，一得科名便废书不读，他说："学者难得都不肯自去著力读书。某登科后，要读书，被人横截直截，某只是不管，一面自读。"三年后，朱熹通过朝廷的授官考试，被任命为泉州同安县主簿。在上任途中，他路过延平，拜访了父亲生前的学友李侗，并与之论学。起初两人观点并不契合，但朱熹并未自以为是，而是认真听取了李侗的意见。在之后的几年中，朱熹随着对经义体悟的深入，逐渐认同了李侗，遂拜李氏为师，传其性理之学。这是朱熹在学术道路上的重大飞跃。

朱熹在同安任职四年，考满罢归，不久就领了闲职开始居家治学。从二十九岁到五十岁，朱熹虽然屡受推荐，还曾赴京面见皇帝，并被授予武学博士、枢密院编修官等职，但他都设法辞免，专心研究学问。在这二十年，朱熹一边讲学，一边编订《程氏遗书》《八朝名臣言行录》等文献，同时还著有《论语要义》《资治通鉴纲目》《诗集传》《周易本义》等著作。在编书、著书的过程中，朱熹对学术的钻研日渐深入，对儒理的认识也越发透彻。到知天命之年时，他已是当世公认的名儒。

朱熹五十岁时，朝廷又命他知南康军（今江西庐山）。学友吕祖谦、张栻都再三劝他出山，遂受命赴任。到任后，朱熹看到南康"土瘠民稀，役烦税重"，遂向当地士人、父老乃至僧道等"方外闲人"咨询本地利病，以减轻人民负担。同时，他还要求乡绅、父老牵头定时举行本乡、本族的集会，以拉近乡邻、亲族之间的关系，加强基层人民间的互助，以求共渡时艰。此外，朱熹又重兴白鹿洞书院，让乡里父老推荐有志于学的青年进入书院学习，他本人每四五天就到书院授课一次，又聘请本地贤士担任学官，教导学子，以培养学生走上正确的人生道路。

朱熹在南康做官期间，当地经历了一次重度旱灾。灾害初起时，朱熹发觉可能将有大旱，于是提前准备。他一方面上奏截留本应上缴的资金、粮米，从而储备了大量粮食；另一方面敦劝本地富户输米入官，以备赈济。当年南康的收成虽然不足常年的三成，但由于朱熹准备得当，使百姓都能得到赈济，因此无人外出逃荒。灾后，朱熹还征募灾民修筑江堤，既降低了江船因风涛遇难的风险，又起到以工代赈的作用。从他在南康的普施善政中我们可以看出，朱熹不仅是儒学大家，也是一位坐言起行的良吏。

从南康离任后，朱熹又先后做过一些官，但他宦情淡薄，每有新命不是辞免，就是请祠，偶尔就任也都是不久就回到治学、著述的生活中。直到六十一岁时知漳州，他才又展现出十几年前治理南康的手段，在当地兴利除弊，恩信大行。绍熙五年（1194年），湖南发生瑶民起义。军务紧急之时，朱熹接受了湖南安抚使一职。到任后，他招安了瑶民首领蒲来矢，又整顿武备，清理不称职的将官，虽在任不久，却颇有名臣风范。

宋宁宗登基后，因丞相赵汝愚的推荐，内召朱熹为焕章阁待制兼侍讲。朱熹怀着"匡正君德"的热情进京面见宁宗，并连上五份奏章，希望宁宗正心诚意、自强不息，又为宁宗讲《礼记》中的《大学》一篇。一时之间，颇有君臣相得的感觉。

然而好景不长，赵汝愚与另一位大臣韩侂胄争权落败，被贬谪。朱熹也因曾经抨击韩侂胄而受到牵连，被排斥出朝廷，改任祠禄官。庆元二年（1196），在韩侂胄的主持下，兴起"庆元党禁"，将赵汝愚、朱熹等人指为"伪学逆党"，分别处以从降职、免官到流放不等的处分。作为所谓"伪学"的领袖人物，朱熹不但被贬职、罢祠，而且朝廷中还出现了一片攻击他的声音。不仅有人诬蔑他有作风问题，还有人竟"上书乞斩熹"。朱门弟子也连遭迫害，有的被罢官，有的被流放。转眼之间，朱熹一派的学说成了不可触碰的禁忌。

然而，年近古稀的朱熹并未因此灰心，仍然致力撰述。自"党禁"兴起到他去世，他著成《楚辞集注》，编纂了《韩文考异》，还致力编修《仪礼经传通解》。他在庆元四年（1198年）给友人李季章的信中说："所以惜此余日，止为所编礼书（《仪礼经传通解》）已略见端绪而未能就，若更得年余间未死日与了却，亦可瞑目矣。"朱熹敢于坚持自己的治学道路，有着不屈不挠的骨气，由此可见一斑。

庆元六年（1200年）三月，七十一岁的朱熹在建阳家中去世。临终前数日，他还坚持白天著书，晚间为门生讲学，可谓"春蚕到死丝方尽"。韩侂胄怕他的门生故旧借葬礼集会，竟命令地方官在朱熹葬礼举行时进行"约束"。但是，对所谓"伪学逆党"的打击和迫害终究是不得人心的。嘉泰二年（1202年），朝廷恢复了部分"逆党"官员的官职，已去世的朱熹得以"升任"华文阁待制。韩侂胄被杀后，朱熹又被赐谥号"文"，后人因此称他为"朱文公"。蒙冤而逝的朱熹，至此得到了应有的待遇和评价。

怎样看待朱熹的历史地位

对于朱熹,历史上有两种截然不同的认识。一种观点认为朱熹的思想上接程颢、程颐,而远宗孔孟,将他视为儒家的正统,如清代的康熙帝就说道:"(朱熹)集大成而绪千百年绝传之学,开愚蒙而立亿万世一定之归。"评价直追作为"至圣先师"的孔子。另一种观点则批评朱熹的学说"存天理,灭人欲",扼杀了"人"的发展,成了封建社会禁锢思想、禁锢人性的工具。这两种说法的对立很激烈,但不得不说,确实各自都能够反映朱熹思想和学术的一个方面。

从学术传承谱系来说,朱熹是延平先生李侗的弟子,李侗学于罗从彦,罗氏之师则是留下"程门立雪"佳话的杨时,这一系可以算是北宋著名学者"二程"(即程颢、程颐兄弟)的嫡传。从思想上看,朱熹继承了"二程"以"理"作为宇宙本源的观点,并发挥"二程"重视"正心诚意、格物致知"的理念。老一代著名思想史家侯外庐先生在《宋明理学史》中,这样评价朱熹对

"二程"学说的继承与发展：

朱熹建立了严密的理学思想体系，……这个理学思想体系中的范畴与命题，总结了北宋以来理学的成就，使理学思想更严密、更丰富。这个体系熔铸了传统的儒家思想，及佛学思想、道教思想，更富于理论的色彩。天理论引入社会政治思想，引入历史哲学，使这些领域也呈现不同的面貌。

"格物致知""持敬"，乃至"天理"与"性"，虽然都是程颢、程颐讲过，而且也是"二程"后学不断讲的东西，但他们都没能像朱熹那样把这些内容整合成一个精致、严密、深刻的思想体系。朱熹认为"合天地万物而言，只是一个理"，将世间一切事物都纳入"理"的范畴。他又说："未有天地之先，毕竟也只是理。有此理，便有此天地；若无此理，便亦无天地。"这样说来，"理"或说"天理"就成了宇宙的本源。在他看来，"理"无始无终，"万一山河大地都陷了，毕竟理却只在这里"，是不需依托具体事物维持的存在。正因为有这样一个永恒存在、永恒不变的"理"，所以世间万物都来自它，都受它的统驭，也就都要受它的指导。大到自然规律，小到人伦日用，莫不如此。程朱之学被称为"理学"，其原因正在于这一派的学者认定了"理"或"道"作为永恒的存在,既是一切的来源,也是一切的指归。所谓"天不变,道亦不变",正是对这一理论的生动阐释。

朱熹既然认定"理"的永恒性质,又说万事万物都源于"理",都受"理"的统治,那么社会的统治秩序、上下尊卑,自然也不例外。在他看来,人的贤愚、贫富、厚薄、寿夭、昏明,都与先天禀受的气质有关,改变命运的方式是转变气质,而转变气质则要靠加强学习、增进修养来实现。这样的观点固然有利于鼓舞学生砥砺奋进,但无形中也鼓吹了统治秩序恒久不变、不可挑战的思想。根据朱熹弟子黄榦的回忆,朱熹本身就是一个规行矩步,以圣贤之心为心的人,他门下的弟子也多宗其所教,从正心诚意上下功夫,以求转变气质、居敬穷理,走的是"内圣"的道路。历代统治者崇尚朱熹的学说,与其学说中的上述观点是颇有关系的。

但是,规行矩步的儒者从古至今亦多矣,何以只有朱熹被尊为上承孔孟之心传的"朱夫子"呢?这就要从朱熹的学术水平说起了。

前文提到朱熹是"二程"的四传弟子,在传承程氏学说的基础上,将理学发展成严密的思想体系。他最为人所知的"存天理、灭人欲"之说,虽然颇遭近现代学者诟病,甚至被说成是束缚我国人民创造力和发展动力的罪魁祸首,但其说的确是源自儒家"内圣外王"的理想,更与儒家先贤重视自我修养的传统一脉相承。而且他以"理"为世界本源,将万物统之于"理"的理论,虽然在今天的我们看来不免带有唯心主义的色彩,但在当时来说,却是一种逻辑自洽能够解释各种常见现象的理论,具有一定的先进性。

同时,论学术水平,朱熹也是南宋时期数一数二的大学者。明清时期,有一些宗奉朱子学的人动不动就谈"天道"、说"性理",本身的学问却非常浅薄,即使著书立说,也无甚高论。因为有了这样一批滥竽充数的人,所以后代学者——尤其是清代的考据家——往往把治理学的人看成腐儒,觉得他们的学养非常可疑。但是,朱熹在学术上却是以精深、广博著称的。

儒家治学,以"五经"为先。朱熹于《周易》有《周易本义》,于《诗经》有《诗集传》,于《仪礼》有《仪礼经传通解》,于《尚书》有《传》数篇,晚年时还将自己对《尚书》的理解传授给门生蔡沈,为他著成《书集传》打下了基础。在《春秋》方面,朱熹用"《春秋》之法"衡量《资治通鉴》,著有《资治通鉴纲目》。因此,我们说朱熹兼通"五经",应该并不过分。当然,更为人所知的是朱熹的《四书章句集注》。"二程"推崇《礼记》中的《中庸》《大学》两篇,将其与《论语》《孟子》相提并论,朱熹继承了这种观点,分别为上述四种典籍作注,并将其合刊而成《四书章句集注》。他在书中不仅发扬了"二程"及其弟子的旧说,而且在注解中贯彻了以"理"为中心的理学观点,将"理"与"四书"中原有的儒家思想联系起来,形成了既宽广又严密的新儒学体系。自南宋之后,"四书"的影响日渐增大,乃至进入科举体系。此外,他还编订、校释了理学前辈周敦颐、张载、"二程"的著作,并撰有记述理学家言行的《伊洛渊源录》,对以往的理学成果作了全面的总结与发扬。

除了致力儒学研究之外,朱熹在其他领域的兴趣也非常广泛。他曾经校注《参同契》《楚辞》,为唐代文学家韩愈校勘编定文集,又搜集宋代名臣的言论事迹,编成《八朝名臣言行录》……在朱熹去世二十多年后,朱门高足(同时也是其女婿)黄榦撰写《朱子行状》,对他的评价是"天文、地志、律历、兵机,亦皆洞究渊微"，可见朱熹是一位百科全书式的学者。在我国古代，特别是宋代以来，涉猎学术领域如此全面的学者是很少见的。

综上所述，朱熹能够构建起一个影响深远的学派，获得一批衷心信服他、追随他的弟子，主要原因是他具有高超的学术水平。他所创立的学派能够长盛不衰，也与他的学说融合三家（儒、释、道）之精华，集传统文化之大成有很大关系。我们在评价朱熹的历史地位时，如果只提他学说中适合统治者需要的一面，认为他是因为帝王推崇才获得大儒的名头，就未免把他看得太简单了。

我们可以向朱熹学什么

朱熹是生活在距今八百多年的人，他的身上必然有很多封建社会的烙印，如要求妇女"守节"，片面地强调"重义"而反对"言利"，在严于律己的同时，往往也用过高的道德标准要求别人，对生活在现代的我们来说，这些都是不足为法的。但是，作为一名良吏、一位学者、一代名师，朱熹也有很多值得我们学习的地方。

总的来说，我们可以从他的身上学到以下几点。

首先，在学习知识方面，朱熹谦虚谨慎、学而不厌的态度是值得我们效仿的。朱熹幼承家学，丧父后又转益多师，在刘子翚等学者的潜心教导下，遍读儒家经典。当时一般的儒者，只将读书作文看成入仕的敲门砖，应过科举，得了功名，便往往废书不读。朱熹登科时未满二十岁，仍肯专心读书治学，不计功名得失，的确是难能可贵的。而且，在学习的过程中，朱熹颇能抛开定见，不搞先入为主，肯正视他人的优点，并吸取有益的意见，这为他成为儒家一代大师奠定了基础。我们纵观朱熹在学术上的历程，很容易看出他从二十岁中进士后，先后受过李侗、张栻、吕祖谦等人的影响。另外，他与叶适、陈亮、陆九渊等同时代的学者在学术上反复辩驳，因此时人经常把浙东、江西两派的学者视为朱熹在学术上的对手，但朱熹从他们那里吸取的知识也不在少数。明代的大学问家王守仁（王阳明）著有《朱子晚年定论》，指出朱熹晚年所持的不少学术观点都与陆九渊颇为相似，这显然是朱熹听取陆九渊意见，并详细思考总结的结果。

其次，按旧时史臣的评价标准来说，朱熹在做地方官时堪称"良吏"。在知南康军任上，朱熹培养良俗、救荒抗旱，事迹已见前述。知漳州后，他不仅像在南康一样，整饬风气、兴学育才，而且奏罢按旧例由州县分摊的"折茶钱"，还蠲免从前地方官巧立名目收取的"无名之赋"七百多万贯、杂税四百多万贯，从而减轻了百姓的负担。不仅如此，他还奏请在漳州重新勘定田界，以防地主和不法官吏混淆田界，把合理税赋转移到无权无势的百姓身上。可惜的是，朱熹上奏后，先是朝堂有人故意拖延其事，后又有地方头面人物出来控诉朱熹"扰民"，重重阻碍导致这一良政最终被搁置，未竟全功。但是，朱熹并未灰心，及至他知潭州，并兼任湖南安抚使时，面对本地的豪猾之徒，仍然不假颜色。史书称他在湖南时"严武备，戢奸吏，抑豪民"，特别是对罪大恶极、鱼肉乡里者敢于果断诛杀，故虽在任不久，当地风气却为之一清。我们从朱熹做地方官时的所作所为来看，可知他不仅重视民生和教育，而且高度注重社会公平，不许官吏、豪强侵渔百姓。现代社会的发展程度远远超过朱熹的时代，但是民生和教育仍然是大众关心的焦点话题，社会上也仍然存在一些不公平现象，在这样的情况下，朱熹的施政方式仍值得我们学习和参考。

最后，朱熹是一个刚正不阿、遇事敢言、表里如一的人，究其一生行止，实无愧于大儒之称。朱熹的刚直、坦率、不欺，主要体现在他与皇帝、宰相等朝廷顶层人物的相处方面。如宋孝宗总的来说是支持、赞赏朱熹的，但朱熹并不因此阿谀皇帝。孝宗末年，朱熹曾上书批评道："陛下即位二十七年，因循荏苒，无尺寸之效可以仰酬圣志。尝反复思之，无乃燕闲蠖濩之中，虚明应物之地，天理有所未纯，人欲有所未尽，是以为善不能充其量，除恶不能去其根。"又有一个内侍为孝宗所宠，怙势横行，朱熹于奏对时请逐之，孝宗说："此人是德寿宫（指孝宗的养父，太上皇宋高宗）推荐给我的，说他有才能。"朱熹很不客气地答道："这种小人如果没有才能，怎么能打动您呢？"宰相留正对朱熹也很有好感，但朱熹在发现留正的错误时，也写了一封信，用很直率的语言批评他。更为难得的是，朱熹在历史上几起几落，颇有"以言贾祸"之嫌，但他始终保持着刚直的本色，不肯与世浮沉，更不肯卖论取官。这种做人做事的风格，看似不近人情，实则是"壁立千仞，无欲则刚"的最好体现。

由此可见，朱熹确实是我国南宋时期的一位伟大人物。在学术方面，他学问深厚，不仅治学极有恒心，还能将各派的学术融会贯通，既成为我国12世纪中后期的一位大学问家，同时也成为理学的集大成者。在政事方面，朱熹的施政以民生为本，重视减轻百姓负担、防止豪强侵害普通民众，这些理念即使在今天也值得借鉴。在品行方面，朱熹光明磊落，不唯上、只唯实，故敢于说他人不敢说的话，批评他人不敢批评的人，这种正直、光明的作风，也是今人应该学习借鉴的。

王守仁
知行合一

王守仁（1472—1529），字伯安，浙江余姚人，因筑室于会稽山阳明洞，自号阳明子，故学者称其为阳明先生，也称王阳明。明代著名思想家、文学家、哲学家和军事家，陆王心学的集大成者。其主要事迹记载于《明史·王守仁传》中。王阳明一生成就显著。他成功平定了宁王朱宸濠的叛乱，清除了明朝内部的一大政治危机；他的『致良知』『知行合一』等思想影响深远，直到今天仍有现实意义。

今天我们提到王守仁,很多人可能感到茫然:王守仁是哪朝哪代的人,又有什么事迹呢?但是,如果改用他的另一个称呼——王阳明,人们或许就会恍然大悟了。我们在购书网站上搜"王阳明"三个字时,瞬间就会跳出一堆搜索结果,从最学术的《王阳明全集》《传习录》,到有普及色彩的《知行合一王阳明》《内圣外王王阳明:心外无物,知行合一》《王阳明大传:知行合一的心学智慧》,再到语气谐谑、取名方式近乎《明朝那些事儿》的《明朝一哥王阳明》……粗算一下,与"王阳明"有关的著作不下十来种。可见这位生活在明代中期的古人,即使在现代也是颇有知名度的。然而,今人对王阳明的了解多是他提出了一个很玄妙的"心学"理论,至于这个理论究竟说的是什么,他还有哪些思想,做过什么大事,人们便多以摇头作答了。那么,历史上的王阳明到底是怎样的一位人物,他对后世有哪些影响呢?

王守仁的生平事迹

王守仁于明宪宗成化八年(1472年)出生在一个世代读书习文的家庭。其父王华是成化十七年(1481年)辛丑科的状元,历任翰林院修撰、右谕德、翰林院学士、少詹事、礼部左侍郎、南京吏部尚书等职。王守仁自幼受到祖父王天叙的影响,王门弟子钱德洪在《王阳明年谱》中记载了这样的事迹:

一日,诵竹轩公(即王天叙)所尝读过书。讶问之。曰:"闻祖读时已默记矣。"

王天叙"环堵萧然,雅歌豪吟,胸次洒落,……所著有《竹轩稿》《江湖杂稿》行于世",是一位文化修养出众的豪放之士。常随祖父读书的王守仁不仅在学问上受益于他,性格也颇与祖父相似。十五岁时,王守仁"出游居庸三关,即慨然有经略四方之志:询诸夷种落,悉闻备御策;逐胡儿骑射,胡人不敢犯。经月始返",举止类乎将门子弟。王华对于儿子的豪气颇感头痛,甚至斥之为狂,然而王守仁却成功地将这种豪放性格升华为宽广的胸怀、远大的志向以及刚毅果断的处事风格。如他曾问老师:"何为第一等事?"老师回答:"惟读书登第耳。"王守仁听后反驳道:"登第恐未为第一等事,或读书学圣贤耳。"少年人能有这样的气魄,就连其父王华闻知后都感到惊喜。

弘治五年(1492年),二十一岁的王守仁得中浙江乡试,此后两应会试不第,遂拾起少年时的兴趣讲习兵法。钱德洪说:

(弘治)十年丁巳。……是年先生学兵法。当时边报甚急,朝廷推举将才,莫不遑遽。先生念武举之设,仅得骑射搏击之士,而不能收韬略统驭之才。于是留情武事,凡兵家秘书,莫不精究。每遇宾宴,尝聚果核列阵势为戏。

此时边疆多有战事,王守仁既有报国之志,遂致力学习军事理论。虽然他的谈兵既没有受到时贤重视,也没有得到实践机会,却为他日后从事军事活动打下了良好的基础。

弘治十二年(1499年),王守仁考中进士,历任刑部主事、兵部主事等职。如果按照正常的升迁路线,他应该一边从事公务，一边等候升职的机会。然而此后的一次朝争，将他的命运完全改变了。

弘治十八年（1505年），明孝宗去世，其子朱厚照继位，是为明武宗，宠任太监刘瑾等。正德元年（1506年），给事中戴铣、御史薄彦徽等参劾刘瑾，刘瑾下令逮捕戴、薄等二十余人，予以杖责。王守仁上书请救，也被列为"奸党"，不仅被廷杖四十，还被远谪为贵州龙场驿（今贵州修文县）的驿丞。当时的贵州是土司林立的边远之地，条件非常艰苦。王守仁到龙场时，当地是这样一番景象：

龙场在贵州西北万山丛棘中，蛇虺魍魉、蛊毒瘴疠，与居夷人鴃舌难语，可通语者皆中土亡命。旧无居，始教之范土架木以居。

在这样艰苦的环境中，王守仁"日夜端居澄默，以求静一；久之，胸中洒洒。而从者皆病，自析薪取水作糜饲之；又恐其怀抑郁，则与歌诗；又不悦，复调越曲，杂以诙笑，始能忘其为疾病夷狄患难也"。正因为他胸怀旷达，虽在谪居之中，却越来越受到当地官员、民众的尊重。

正德五年（1510年），刘瑾被武宗处死，先前为刘瑾所打击的官员都得到起复，王守仁因此得任庐陵县知县，在任半年有余，改南京刑部主事，旋留京师任吏部主事。此后，王守仁连升本部员外郎、郎中，不久迁南京太仆寺少卿，改南京鸿胪寺卿，进入了升迁的"快车道"。

正德十一年（1516年），四十五岁的王守仁升任左佥都御史、南赣汀漳巡抚，管辖江西的南安、赣州，广东的韶州、南雄，湖广的郴州，福建的汀州、漳州等府。当时，这一地区"系江湖闽广边界处，高山大谷，接岭连峰，昔人号为盗区"。究其原因：一是地势险要，易守难攻；二是流民丛杂，难以约束。王守仁到任后，将民户每十家编为一牌，互相监督，防止吏民与"巨寇"勾结；同时，他又选练了一支少而精的民兵作为机动兵力，以随机应变。借助这些措施，王守仁仅用一年多的时间，就平定了盘踞当地数十年的诸多山寨，也因此被视为文臣中的知兵之士。

正德十四年（1519年）六月，被封在南昌的宁王朱宸濠起兵造反。王守仁当时正奉命到福建查办兵变事件，中途听说宁王叛乱，遂一边上书皇帝，一边联络江西各地官员，准备平叛。由于叛军声势浩大，王守仁假造了多份朝廷公文，宣称各地精兵将陆续调赴江西，又离间宁王和谋士、将领的关系。宁王既害怕朝廷真的早有准备，又怕部下生变，乃迟疑不决。王守仁因此争取到了十余日的准备时间。

七月一日，宁王挥师东进，围攻安庆。王守仁遂从吉安出师，在樟树镇集合临江、袁州等数府的兵马北上。当时有人建议引兵蹑叛军之后，以解安庆之围，王守仁反对说："九江、南康都已投降宁王，我军如果越过两城直向安庆，敌军必然回师死战，对我们反而不利。不如直取南昌，逼迫叛军回师，安庆之围自解。"当时南昌守备甚严，郊外还有一支叛军作为呼应，王守仁先袭破郊外叛军，进而全军齐发，黎明即抵南昌城下，城中震动。官军乘机登城，一举克定。入城后，王守仁果断下令诛杀掠夺百姓的乱兵，迅速安定了人心。

宁王得知南昌告急，即刻回援，与官军战于黄家渡，不利。次日，叛军又来攻，官军一度小败，有些士卒临阵逃跑，此时王守仁斩逃卒以徇众，三军复振，遂破叛军。又次日晨，宁王正整顿军队，王守仁已派出部队火攻敌船，叛军因此大溃，主要首领自宁王以下都被擒获，叛乱遂平。此时距叛乱爆发才三十五天，明武宗亲自率领的平叛部队尚未从京城出发，而王守仁所部仅是临时凑集的地方部队，各部队的指挥者又多是文官，竟能成就大功，实在令人惊讶。这也是王守仁最受后世称颂的一次军事行动。

当叛乱初起时，大臣多惶恐不安，唯有兵部尚书王琼说："王伯安居南昌上游，必擒贼。"后来果然被他言中。然而王守仁虽建大勋，却被武宗的宠臣江彬等嫉妒，当武宗率军抵达南方后，江彬便屡次向武宗诬告他有反意。幸而武宗还算清醒，反驳道："王守仁学道人，闻召即至，何谓反？"这才没有使这位有功于明室的名臣无辜受祸。

武宗去世后，世宗（即嘉靖帝）继位，江彬等权幸被清除。然而，在世宗朝初年错综复杂的政治局面下，王守仁还是屡遭攻讦。嘉靖元年（1522年），心力交瘁的王守仁丁忧去职，直至嘉靖六年（1527年），因广西田州土司叛乱，时任总督征讨不利，才被重新起用。到广西后，他招抚了叛军，又征讨断藤峡。奏捷之后，朝中大臣却"诋守仁征抚交失"，不加赏赐，虽有人为王守仁诉功，世宗仅"报闻而已"。

嘉靖七年（1528年），王守仁因病情已重，上书告归，回家途中病逝（时间为公历1529年1月9日），去世地点正是他曾抚治过的南安府，时年五十七岁。其丧过江西，军民感其德，无不缟素哭送。然而在朝廷中，对王守仁的攻击正达到一个新的高峰：

> 守仁既卒，桂萼奏其擅离职守。帝大怒，下廷臣议。……帝乃下诏停世袭，恤典俱不行。

此时，王守仁的功绩被批评、轻视，学说也被诋为"伪学"，连应有的饰终之典都被取消。看起来，他几乎要在历史长河的浪花中消失了。然而历史终究是公平的，世宗去世后，其子穆宗继位，王守仁又重新被人提起，"廷臣多颂其功"。于是，穆宗诏赠王守仁为新建侯，赐谥"文成"。隆庆二年（1568年），又以其子王正亿袭新建伯爵位。被人为扭曲的历史，终于还是在王守仁去世四十年后被纠正过来。

"阳明学"的创立与影响

如前文所说，王守仁晚年屡遭攻击，受到了很多不公平的待遇。究其原因，半因平宁王之乱的功劳惹人嫉恨，半因学术观点与主流的程朱理学不合。如他去世后,桂萼等人就攻击其学说道:"守仁事不师古,言不称师。欲立异以为高,则非朱熹格物致知之论;知众论之不予,则为朱熹晚年定论之书。号召门徒,互相倡和。才美者乐其任意,庸鄙者借其虚声。传习转讹,背谬弥甚。但讨捕鲎贼,擒获叛藩,功有足录,宜免追夺伯爵以章大信,禁邪说以正人心。"然而到了嘉靖末年,"阳明学"已经成为当时儒家学派的显学之一,王学门人徐阶官至首辅,王守仁也于万历年间获得从祀文庙的待遇,成为"先儒"之一,一度与朱熹平起平坐。此后,学者对王阳明的评价更多地指向其学说的价值和影响,其生前事功反而略而不谈了。那么,阳明之学究竟是怎样的一种学说,其本末源流又是怎么一回事呢?

在青年时期,王守仁一度服膺朱熹的理学。十七岁时,他到江西迎娶妻子诸氏,次年同归余姚,路经上饶,拜谒当时著名的理学家娄谅,向他问学。娄谅不仅授以理学中的格物之说,还勉励他"圣人可以学而至"。王守仁回到家乡后,除潜心经史之外,还学习宋儒正心诚意之法。他本来是"和易善谑"的性格,从此也就"端坐省言"起来。及至中浙江乡试后随父入京,在京师遍读考亭遗书,依朱熹的指导治学修心。朱熹解释《大学》中的"致知在格物"一句,认为应该"即事观理,以格夫物",也就是穷究事物之理来获取知识和感悟,这也是程朱理学的一个重要观点。王守仁遵循其教,认为"众物必有表里精粗,一草一木,皆涵至理"。他看到家中栽了很多竹子,遂日夜观察穷究,欲知其理何在,七日而病,乃自叹"圣贤有分",转而就辞章之学。直至弘治末年,王守仁的思想都是在正心诚意的圣贤之学、辞赋文章的应世之学与出世养生的道释之学间波动。正德初年被贬龙场,才给了他一个自我突破的契机。

在龙场丛山之中,王守仁虽"端坐澄默,以求静一",实践着理学家的修心养气之法,但谪居的困境与内心的疑惑促使他常常思考:"圣人处此,更有何道?"想多了,便忽于深夜恍然大悟,认为"圣人之道,吾身自足",对"格物致知"也提出了新的解释:

"致知"云者,非若后儒所谓充广其知识之谓也,致吾心之良知焉耳。良知者,孟子所谓是非之心,人皆有之者也。是非之心,不待虑而知,不待学而能,是故谓之良知。是乃天命之性,吾心之本体,自然灵昭明觉者也。

物者，事也，凡意之所发，必有其事，意所在之事，谓之物。格者，正也，正其不正以归于正之谓也。正其不正者，去恶之谓也。归于正者，为善之谓也。夫是之谓格。

在王守仁看来，"格物致知"实际上是一个去恶为善、体认本心的过程，与外物无关，自然也就没什么"圣人处此"的问题。他主张"致吾心之良知"，又认为良知是"天命之性"和"吾心之本体"，则"心"与"理"实为一事，学者体认到本心，也就认识到了天理。今之俗语"天理良心"，便是源自王氏之学说。

由于主张"心即理"，强调体认本心，因此王守仁在知行观问题上主张"知即是行"，也就是我们今天常说的"知行合一"。在这个问题上，他曾与弟子徐爱有过一段著名的对话。

爱曰："如今人已知父当孝，兄当弟矣，乃不能孝弟，知与行分明是两事。"

先生曰："此被私欲隔断耳，非本体也。圣贤教人知行，正是要人复本体，故《大学》指出真知行以示人曰：'如好好色，如恶恶臭。'夫见好色属知，好好色属行，只见色时已是好矣，非见后而始立心去好也。闻恶臭属知，恶恶臭属行，只闻臭时，已是恶矣，非闻后而始立心去恶也。又如称某人知孝，某人知弟，必其人已曾行孝行弟，方可称他知孝知弟：此便是知行之本体。"

王守仁不否认现实中某些认知与行为的脱节，但他认为这是因私欲作祟导致，不是本心，人的本心是知行一体的。他又特别强调"行"，认为"知而不行，只是未知"。这是因为当时士风衰薄，能言而不能行者众多，王守仁认为急需豪杰之士起而倡之，昌明学术，振作士风之故。

在"龙场悟道"之前，王守仁已有讲学活动，但其学术的成熟与学说的广泛传播，是在正德四年（1509年）主讲贵阳书院之后。此后，他宦游各地，所至皆讲授自己的学说，甚至在军中也不忘与门人弟子论学。经过二十多年的讲学，王门弟子遍及海内，其大者分为浙中、江右、南中、楚中、北方、粤闽、泰州七系，而在思想上受到王学影响的学者更是不计其数。嘉靖初年的刑部尚书郑晓说："王公才高学邃，兼资文武，近时名卿鲜能及之，特以讲学，故众口交訾。"但王守仁对于后世影响最深远的，实际是他的讲学。

相对于规行矩步的程朱之学，阳明之学在思想上更为活跃。王守仁主张"良知人人现在,一反观而自得",即一般人只要体认到良知,也能超凡入圣。王门高足弟子王艮更是由此推衍出"天性之体,本自活泼""圣人之道无异于百姓日用"的观点,这不仅是对程朱理学乃至王学的修正,还带有一些近代启蒙思想的色彩。名列明末清初"三先生"之一的黄宗羲,从学术谱系来看,也是王门后学。他提出"民本"思想,认为君主本为公仆,后来却"以天下之利尽归于己,以天下之害尽归于人",从合法性的角度否定了君主专制制度。这些思想虽然与王守仁在讲学中传授的学说已经有很大的不同,但究其始却不能不追溯到王学"人人有个作圣之路"的根本理念,这正是王学的进步性所在。近代朝鲜、日本的改革与革命,也常有宗奉阳明之学的学者参与,这是从另一个角度证明了王学具有进步色彩。

王守仁及其学说的当代价值

作为古代出色的思想家、教育家,才兼文武的明代重臣,王守仁的思想、事迹自然有值得我们学习之处。当然,阳明之学终究是封建时代的产物,一些思想已不可避免地过时了，但是其中的精华，以及一些解决问题的方法，在今天仍是有价值的。其中最值得一提的，就是他的"知行合一"思想。

习近平总书记向来重视"知行合一"，曾多次在调研、考察，乃至讲话时提到王守仁的这一重要思想，并将其升华到一个新的高度。2014年1月，在党的群众路线教育实践活动第一批总结暨第二批部署会议上，习近平总书记就强调"知是基础、是前提，行是重点、是关键，必须以知促行、以行促知，做到知行合一"。我们在前文讲到，王守仁讲的是"知则必行"，强调的是"知"与"行"的一体两面性，而习近平总书记所讲的"知行合一"则更为深刻，在"知"与"行"之间建立起互相促进的关系。这样一来，"知"既能推动"行"的发展，"行"反过来也可以促进"知"的进步，两者互为因果，源源不断、生生不息。这是我国优秀传统文化中的知行观在现代社会的进一步深化，对于促进社会发展与进步有着重要意义。

领会知行合一的时代内涵，关键在于以实际行动体现理论成果，实现新时代的知行合一。王守仁曾说："知行原是两个字说一个工夫。"这就是说，"知"和

"行"虽然是两个概念，但实际是一个相辅相成的体系。就当前而言，"知"主要是指理论思想，"行"主要是指实践活动。"知"是基础，没有理论思想，实践活动就缺乏理论指导，甚至会失去明确的目标，成了"瞎忙"；"行"是重点，没有实践活动，理论思想就缺乏落实，即使是再好的提法，也只能停留在纸面，无益于国计民生。要做到知行合一，就必须将社会主义核心价值观内化于心，外化于行，真正实现知中有行，行中有知。同时，还要以知行合一的精神加强党性修养、坚定理想信念，真正做到"知"与"行"的统一，这样才能真正让理想信念在每个人心中生根发芽，激发奋斗奉献精神。

　　王守仁的学说还特别重视自我反省。他强调"致良知"，晚年讲学时更是倡导"知善知恶是良知，为善去恶是格物"。在他看来，人的本心是好的，上与天道相合，只是被私欲窒碍，遂有种种不良的举措。他在训诲弟子时，常要弟子通过自省的方式寻求本心，也赞许能够自省之人。在今天看来，王守仁所寻求的实际就是通过反省实现道德上的完善与自律，并期望由此荡涤污垢，成为圣贤。今天，我们固然不必如他那样，追求做一个旧时代的圣人，但是在工作之余，时时自省，发现自己某事做得好，某事做得不够，还是很有必要的。

在学术之外，作为一个官员，王守仁也是极为出色的。首先，他两任封疆，屡有军功，而且每次出征都是临危受命，却能力挽狂澜，被后人视为文官将兵的典范，直到晚清，曾国藩、胡林翼等人还以他为榜样。其次，他在做庐陵知县时，"使城中辟火巷，定水次兑运，绝镇守横征，杜神会之借办，立保甲以弭盗，清驿递以延宾旅"，力除积弊；后来巡抚南赣汀漳，除了征剿山寨、恢复统治秩序之外，还兴社学、立书院、清商税、改盐法，对辖区颇有恩惠；平定宁王叛乱后，他又首先请免江西之税，以苏民困，称得上是一位关心民瘼的良吏。

总而言之，作为我国明代中期的一位杰出人物，王守仁身上有很多值得我们学习的闪光点。他倡导的"知行合一"理念，以及"致良知"的思想，还有他在军政两方面的杰出成就，都足以为后人提供借鉴。今天，我们要继承传统文化的优秀成果，学习历史上的优秀人物，王守仁其人其事是不能忽略的。

徐光启

中西交流第一人

徐光启（1562—1633），字子先，号玄扈，明代著名科学家、政治家。《明史》卷二五一有传。

徐光启是明代后期「实学」思潮的倡导者，注重经世致用。作为科学家，徐光启不仅是一位沟通中西科学文化的重要人物，而且毕生致力于数学、天文、历法、水利等方面的研究和实践，其著作《农政全书》对我国农业科学技术的发展贡献巨大。作为官员，徐光启一生清廉，且忧国忧民，他主张发展农业、整顿军队，使国家走向富强。只可惜由于环境所限，他的政治抱负未能实现。即便如此，他的科学精神和爱国之心仍被后人所铭记。

上海市有一处著名的商业中心叫徐家汇，此地原名法华汇，晚明大学士、著名科学家徐光启曾在此建农庄从事农业实验并著书立说，逝世后又安葬于此，后人为纪念他的卓越成就，便将此地更名为徐家汇。那么，徐光启究竟有哪些贡献和成就呢？

从秀才到进士：漫漫科举路

徐光启，明代松江府上海县（今上海）人，生于嘉靖四十一年（1562），此时明朝已处于夕阳西下、危机四伏之中。徐光启的家庭并不富裕，甚至可以用"贫苦拮据"来形容。为了生计，他的祖母和母亲早晚不停地纺纱织布；他的父亲徐思成则要务农，种庄稼以自给。徐光启年岁虽小，但有时也不免要参加这些劳动，这对于徐光启来说既是一种经历，也是一种现实教育，使他懂得了生活的艰辛，同时丰富了他的生活经验，培养了他刻苦求实的性格。后来，他自号"玄扈"。中国古代曾把督促农桑的候鸟称为"扈"，按不同季节，分为九种，统称"九扈"。其中"夏扈"负责催促耕耘，因为是浅黑色的，所以又叫"玄扈"。徐光启取此为号，显然是受了家庭的影响，用意是要重视农业生产，同时表现了他忧国忧民的拳拳之心。

虽然家庭状况不好，但父母没有耽误徐光启的教育。徐光启看到自己的祖母、父亲和母亲日夜操劳，也受到了激励而奋发向上。万历元年（1573年），十二岁的徐光启在龙华寺读书。他学习勤奋，成绩优异，在学业上展露了才华。万历九年（1581年），徐光启考中了秀才，这一年他刚好二十岁。

中了秀才，算是踏入科举之路的第一步，社会地位也会有所提高。当时，中秀才的人除了继续学习准备考举人外，还会找个村学或家馆教书。徐光启为家庭生计考虑，自然也走了这条路。有了教学的固定收入，徐光启一家的负担有所减轻。

徐光启二十岁中秀才，这比起许多考白了头发的老童生来，应该算是幸运的。然而，此后考举人，他却经历了坎坷。徐光启的落榜，并非学问不如人，而是当时的考试是写空洞的八股文，只重形式而不重内容，但徐光启注重实际应用的学问，写文章大多与现实相结合，这样的文章很难入考官的眼。

即使这样，徐光启也没有放弃科举。万历二十五年（1597年），他到北京参加顺天府乡试，这是他第六次考举人了。当时的主考官是注重实学的焦竑。据记载，离放榜还有两天，焦竑仍没有从"荐卷"中找出一份堪当第一名的卷子。于是，他要求各房从"落卷"中寻找，这才发现了徐光启的文章，焦竑看后说："此名士大儒无疑也。"将其点为"解元"，即乡试第一名。经历了十六年的乡试，徐光启终于成功了，而这次的成功是因为他幸运地遇到了爱才识才的焦竑。

中解元后的徐光启又参加了万历二十六年（1598年）的会试，但落榜了。尽管如此，他以解元的身份回到故乡，心情还是愉快的。中举后，徐光启的社会地位大大提高，经济来源也有了保障，尽管还是以教书为业，但对象却换成了成年士子。

万历三十二年（1604年），徐光启再次赴京参加会试，这一次他考中了进士。连续奋斗二十三年的科举之路，至此算是告一段落。此时的徐光启四十三岁，算是大器晚成了。

中了进士，就有了担任高级官员的资格和机会。徐光启先是在都察院做见习生，后来又进入翰林院做了庶吉士，这是他政治生涯的开始。

进入翰林院的徐光启，将其忧国忧民的意识和爱国的热情都表现了出来。他连续上书提出一系列除弊利民、富国强兵的策略，并主张改革，充分展现了一个入世者关心国计民生的政治热情。

三年庶吉士期满，经过考核，徐光启被授予翰林院检讨。

与利玛窦合译《几何原本》

在中外文化交流史上，明末清初西方传教士来华是重要的事件。而明代西方传教士的代表人物之一就是利玛窦（Matteo Ricci）。利玛窦是意大利人，自然科学知识非常丰富。徐光启决定拜访利玛窦，还得从一幅地图说起。

万历十二年（1584年），利玛窦在肇庆曾为岭西按察副使王泮绘制了一幅《山海舆地图》，这是目前能见到的最早引进中国的新型世界地图。1600年，利玛窦应南京吏部主事吴中明之请，将这幅地图重新修订，翻刻于南京。此时，徐光启也在南京，为的是看望他的恩师焦竑。徐光启看到了利玛窦的这张地图，眼界大开，激发了他放眼世界、了解西方、寻求科学真理的愿望。于是，他决定去拜访利玛窦。

结果两人一见如故，聊得很是投机。他们从天文到地理，从日食、月食到经纬度，从欧几里得的《几何原本》到地图的绘制和测绘学，无所不谈。利玛窦还不忘向徐光启传教。

三年后，徐光启再次来到南京，这次是专程来拜访利玛窦的。但此时，利玛窦已经去了北京。接待徐光启的是传教士罗如望。徐光启认真地向罗如望学习了天主教教义，并受洗成为一名天主教徒。徐光启加入天主教，一是感到传统的儒家学说不能解决当时的社会问题；二是过于信任天主教的文化成分，这是他在认识上的局限所致。但其目的则是挽救明朝的颓势。

徐光启真正和利玛窦深入接触，是他到北京任职于翰林院的时候。通过交谈，徐光启认识到数学是一切科学技术的基础，他提出要与利玛窦合作翻译欧几里得的《几何原本》。利玛窦却先给他泼了一盆冷水，讲述了翻译此书的困难和几次失败的经历，因为中国和西方的语法、词汇不同，许多专有名词，汉语中都没有现成的。但这并没有让徐光启打消此念头，他信心十足地说："祖先有句话讲'一物不知，儒者之耻'，不能知难而退。"经过几次商讨，二人决定合作翻译此书。

功夫不负有心人，经过一年多的时间，二人翻译完成了《几何原本》前六卷，徐光启又对初稿进行多次修改，终于定稿。后因其他事情，剩下的内容没有继续翻译下去，但前六卷得到了刊刻印行。

这本书的拉丁文译本原称《欧几里得原本》，徐光启创造性地加了"几何"一词，改书名为《几何原本》。"几何"本是一个虚词，徐光启借用来代指一切度数之学，至今仍是数学领域的专有名词。其他如"点""线""面""直角""钝角""三角形"等名词，也是经徐光启的使用而确定下来的。徐光启翻译《几何原本》，表现了他在科学领域中的独具慧眼，他认为学习《几何原本》能使从事理论工作的人"祛其浮气，练其精心"。这个译本，在17世纪初到19世纪中成为许多人学习数学的启蒙读物，梁启超称赞这本书的翻译是"字字精金美玉，是千古不朽之作"。

回乡守丧，撰写三疏

万历三十五年（1607年），徐光启被任命为翰林院检讨。仅仅一个月后，他的父亲就在北京病逝了。按照当时的礼制，徐光启要护送父亲的灵柩回乡，并守丧三年。

徐光启回到家乡的第二年就遇到了水灾，农田多被淹没，稻谷无收。洪水过后，就是饥荒。忧国忧民的徐光启很是着急，他想寻找一种能够帮助农民度过饥荒的高产粮食作物，这样再遇灾害就不怕了。

正巧此时从福建来了一位客商，他告诉徐光启福建出产一种叫甘薯的东西，不怕干旱，不怕台风，产量比稻麦高几倍，能解决农民半年的口粮，闽广一带的农民赖以为生。甘薯，就是我们今天常吃的红薯、地瓜，大约是在16世纪八九十年代从菲律宾传入我国福建、广东等地的，适合于热带、亚热带地区栽种。而上海属于温带，当时还没有人试种过。徐光启为了家乡百姓的生活，决定一试。经历了几次失败，他终于成功了。为了宣传自己的播种方法，他写了《甘薯疏》，系统地总结了自己的种植经验，这是我国最早的关于甘薯栽培和加工利用的专著。到了18世纪中叶，甘薯的种植被推广到整个黄河流域，徐光启的开创之功不可磨灭。

后来，徐光启又成功地在家乡上海种植芜菁。芜菁，俗称大头菜，由于产量高，也是能够渡过灾荒的作物，原来只在北方种植，徐光启经过科学实验，将其成功地种植于南方。为了推广经验，他又写了《芜菁疏》。

甘薯的成功北移，芜菁的成功南移，有力地驳斥了当时盛行的所谓任何作物的生长地方是不可变动的观念。徐光启指出，各种品种优良、高产的作物，如果能互相交流，广泛种植，就不必担心食物的不足。徐光启关注民生、勇于探索的精神展现于此。

继《甘薯疏》《芜菁疏》之后，徐光启还写了《吉贝疏》。吉贝，即棉花，又称木棉。这是一篇总结当时种棉经验、进一步提高棉花产量措施的文章，为植棉业的发展做出了贡献。

在天津进行屯田实验

万历三十八年（1610年），徐光启守丧期满回到北京，复任翰林院检讨一职。在这个职位上，徐光启除了担任内书堂教习，编修史书外，还在天文历算、数学、水利学方面取得了成绩，特别是他编译出版了《泰西水法》一书。出于对国计民生的关心，徐光启十分重视农田水利的建设。早在翰林院做庶吉士时，他就写过《漕河议》，对水利问题有着许多精辟的见解。在家乡守丧期间的农业实践，使他对农田水利的重要性有了进一步的认识。《泰西水法》主要介绍了西方的水利科学，这对当时中国的农业生产不无借鉴意义，因此出版后广受欢迎。

三年后，徐光启托病请假，到天津屯田进行农业科学的研究，重点是进行水稻的引种。天津屯田，可以说是徐光启第二次直接参加农业科学实践的时期，第一次是他回乡守丧之时。上海和天津，一南一北，气候、土壤、水资源等均有不同。在江南水乡和华北平原这两个不同的典型地区进行实践，使徐光启的视野更加开阔，对农业科学规律的总结也更具普遍性。

在天津这几年,他实地考察,早出晚归,手不离锄头、铁锹,直接参与田间劳动,同时博览古今中外各种农书,遇到问题及时解决,不断和农民交流经验,然后把研究成果写成《宜垦令》《北耕录》等著作,还存有不少调查笔记。这些材料,为徐光启日后编写《农政全书》提供了基础。

通州、昌平练兵

万历四十六年(1618年)夏,徐光启接到紧急诏令,销假回京复职。原来,两年前,努尔哈赤基本统一了女真各部,并在赫图阿拉(故址在今辽宁新宾)称汗,国号"大金"(史称"后金"),建元天命,割据辽东。此时,努尔哈赤又以与明朝的"七大恨"告天,率军向抚顺等地发起进攻。消息传来,朝廷震惊。有人向朝廷推荐了徐光启,因军情紧急,徐光启被迅速召回。此时的徐光启虽患病,但他怀着忧国忧民之心,义无反顾地入京了。

徐光启对军事也是非常重视的,常常阅读古代的兵书。一直以来,他都在宣扬使国家富强的方法,主张

"富国必以本业，强国必以正兵"。"本业"就是发展农业生产；"正兵"就是必须组织一支装备精良的军队，具体办法就是选将、练兵、制造军械。此前，徐光启一直把主要精力放在如何富国上，当前面临强敌压境，他开始把注意力转移到军事学的研究上来。

明朝任命杨镐经略辽东。杨镐向全国征集大军，决定兵分四路向后金军发起反攻。这个计划得到了皇帝的认可，却遭到徐光启的极力反对，认为此法大谬。果然，最终的结果是杨镐大败。

辽东战场上失败的消息传来，徐光启再也坐不住了。他连夜奋笔疾书，向皇帝连上三疏，在表明自己"志图报国"的决心后，提出了五个根本性的建议，即急求人才、急造兵器、急行选练精兵之法、急造炮台、亲自出使朝鲜。这些建议，根本在一个"急"字，就是不容些许耽误。三篇奏疏，痛切陈词，爱国之心跃然纸上。

终于，万历四十七年（1619年）九月，朝廷任命徐光启为詹事府少詹事兼河南道监察御史，特命"管理练兵事务"。徐光启接到任命后便在北京城外的通州、昌平设立新兵训练中心，着手练兵。

然而，朝廷的腐败是徐光启始料未及的。练兵需要粮饷、器械、车马。万历皇帝下令户部、工部、兵部和太仆寺供给。但这四个部门相互推诿、敷衍塞责。向户部要粮饷，户部说发不出来；向工部要物资、器械，工部回答说没有；兵部招来的新兵，没有严格的标准，良莠不齐，还有很多老弱和闲汉。冷酷的现实让徐光启一筹莫展。

不久，万历皇帝驾崩，其子明光宗继位，年号泰昌。为了加强明军的装备，徐光启提出要把制造和购买火器放在首位，他甚至说："如果这个计划能够顺利实施，可以保国家千百年之固。"怎知此事遭到兵部尚书崔景荣的反对，而后工部又以"兴作甚烦，经费无出"为由否决了徐光启的计划。被泼了一头冷水的徐光启再也坚持不下去了，他向朝廷提出辞职。在接到准假令的当天，徐光启就离开了北京，带着失望和愤懑直奔天津而去。

皇皇巨著《农政全书》

天启元年（1621年）年底，徐光启决定离开天津返回上海老家。就在徐光启返沪之前，朝中发生了一件大事，就是魏忠贤"矫旨"杀了司礼监太监王安，从此魏忠贤开始结聚党羽、揽权干政，成了历史上臭名昭著的"九千岁"。

对很有名望的徐光启，以魏忠贤为首的阉党最初采取拉拢的政策。早已投靠魏忠贤的魏广微此时官居东阁大学士、礼部尚书，后又改任吏部尚书。他与徐光启有过矛盾，但此时却策划起用徐光启。天启三年（1623年），朝廷任命徐光启为礼部右侍郎兼翰林院侍读学士、协理詹事府事、纂修《神宗实录》副总裁。礼部右侍郎，相当于礼部的副部长；翰林院侍读学士，是翰林院的高级官员；协理詹事府事、纂修《神宗实录》，则是十分荣耀的职务。然而，富有正义感的徐光启知道魏忠贤一党是一伙结党营私、溜须拍马、贪污受贿之人，他不愿意与这些蠹虫为伍，于是以身体不适为由不肯北上就职。

这种消极的态度，让魏忠贤一伙非常恼怒，他们指使御史智铤上书，以"门户"（即结党）之名弹劾徐光启，追究他当年在通州练兵是"误国欺君"。奏疏中伤徐光启表面一片热情，实际是骗取官职、偷盗兵饷，甚至诬陷他将朝廷数万金钱拿去供自己个人享受。这篇奏疏虽气势汹汹，却拿不出任何事实根据，真是欲加之罪，何患无辞。最终徐光启受到"冠带闲住"的处分，就是免去现任官职，但可以保留官员身份，在家自省。

虽然受了处分，但是徐光启能够专心致志地编撰《农政全书》了。对于这部书，徐光启酝酿了很长时间，到这时才系统地进行增补、审订、批点和编排。从天启五年到崇祯元年（1625—1628），历时三年而成。书编成后，并未立即刊刻。直到徐光启去世后的第二年即崇祯八年（1635年），在著名文人陈子龙的主持下，全书做了最后修订，最终于崇祯十二年（1639）刻印成书。

《农政全书》共六十卷，分十二门类。其中，"农本"记述历代农业生产状况和农业政策；"田制"包括井田考和农作制度；"农事"记述耕作法、开垦、授时和占候；"水利"记述水利工程、农田水利和《泰西水法》；"农器"记述各种农业生产和农产品加工器具的图例和说明；"树艺"记述谷物、蔬菜、瓜果的栽培；"蚕桑"包括养蚕、种桑和织纴；"蚕桑广类"包括种棉和其他纺织纤维；"种植"叙述经济作物和药用植物的栽培；"牧养"记述家禽、家畜的饲养，以及养鱼、养蜂；"制造"以酿造为主，还包括建造房屋和家用工艺等；"荒政"包括备荒、救荒等。十二门类中，尤以"水利""荒政"二门最突出，前者九卷，后者十八卷，加上农本、田制、农事十一卷，共计三十八卷，占了全书的近三分之二。由此可以看出徐光启的倾向，他认为增加农业生产和救济灾荒以安定人民的生活，是当时急需解决的问题，所以将此列为重点。

《农政全书》大部分是征引古代农业文献，其资料来自三个方面：一是书本知识，二是当时全国各地农民的生产经验和技术，三是徐光启从事农业科学研究的心得。书中属于徐光启自己的创作，大约只占全书的十分之一。但这些文字或是他对当时农业科学先进经验的总结，或是他自己的研究成果，充分反映了徐光启的见解，且具有科学性。所以，此书既是古代农业文献的汇编，也是一部不朽的科学著作。这部书与以往农书的一个重要区别在于，作者徐光启是从"农政"即国家政策的高度出发，对农业生产进行考察的，目的是要从根本上寻求使国家走向富强的救世良方。书中既包含了作者忧国忧民、经世致用的思想，又体现了他勇于探索的精神。

督修《崇祯历书》

天启七年（1627年），天启皇帝驾崩，因其无嗣，由其弟继位，即崇祯皇帝。崇祯皇帝即位后，当机立断，迅速清除了魏忠贤及其党羽；又下旨恢复徐光启礼部右侍郎的职务，并兼任翰林院侍读学士、协理詹事府事。徐光启接到诏令后，立即由上海启程赴京，此时的他已经六十七岁高龄了。

在礼部任上，徐光启领导了一次重大的历法改革，这在中国天文学发展史上，具有划时代的意义。

崇祯二年（1629年）发生了日食，钦天监按照历法推算日食开始和结束的时间均与实际不符。在当时，日食被看作关系国家治乱兴衰的大事，这个差错让皇帝大为恼火。于是改革历法成了大势所趋，任务则落到了钦天监和礼部头上，而全权负责之人就是时任礼部左侍郎的徐光启。此外，皇帝还让李之藻及精通历法的传教士龙华民等人协助修历。

中国的历法制度源远流长，成就也很显著。元代时，郭守敬制定了《授时历》；明初颁行《大统历》，其实是照搬的《授时历》。崇祯时，由于长期没有修订历法，导致其误差越来越大，才有了这次日食推算的失误。

其实，徐光启早有修订历法的想法，并为此做过一些准备工作。这次，实践的机会终于来了。他开设历局，制定指导方针，即用人必须能够实干，制造器械必求实用，经费不虚报、不冒领，修订的时间不能太久。他还广泛征求各方面的意见，拟定了修订历法的原则和纲领。崇祯皇帝批准了徐光启的修历计划，并要他广集众长，西洋历法不妨兼收，各家的看法也务求综合。修历的工作由此走上了正轨。

徐光启领导的这次修历，是以中国传统的《大统历》为基础并会通中西的。因为作为科学家的徐光启认识到西历的球面天文学公式和一些测量推算方法，具有严谨的数学基础，而《大统历》则很多是经验公式，因此要熔西方历法的材质，入《大统历》的型模。但并非简单地把西方历法套在《大统历》上，而是融会贯通，吸收西历之长，补中历之短，以期编一部比《大统历》优越又超过西方历法的新历法。由于这部历法编纂于崇祯年间，因此被称为《崇祯历书》。

经过徐光启等人夜以继日的努力工作，历书的编纂卓有成效，到崇祯五年（1632年），已先后三次共进呈了七十四卷。不久,徐光启入阁为大学士,参与机务。因阁务繁忙,他就利用余暇时间处理历书事宜。此时,徐光启的身体已经很不好了,但他仍坚持工作。崇祯六年(1633年),徐光启因病溘然长逝。此时,《崇祯历书》的余下卷帙他已基本审阅完毕。可以说,徐光启晚年的主要精力和心血都用在了这部历书上。

风范长存

徐光启去世的消息传到宫内,崇祯皇帝十分悲痛,宣布辍朝一日,追赠"少保",赐谥"文定"。

徐光启的遗体被运回上海,但未立即下葬,直到崇祯十四年(1641年)才葬于上海县城西门外十余里的土山湾西北,即现在徐家汇的徐光启墓地。墓前立有石碑、石人、石马、华表、石牌坊等物。石牌坊正中题"文武元勋",两旁对联是:"治历明农百世师,经天纬地;出将入相一个臣,奋武揆文。"这副对联可以说是徐光启一生事业的写照。

徐光启是明代后期"实学"思潮的倡导者,他注重经世致用,具有科学精神,并积极介绍西方科学知识,对扭转明末空疏的文风和学风，有着巨大的贡献。

　　作为科学家，徐光启是一位沟通中西科学文化并向西方寻求科学知识的重要人物。但是，徐光启并不盲目迷信西方知识，更不照搬照抄西方传教士的言论，而是对西方的"种种有用之学"加以理解和运用，从而弥补了中国科学知识的不足。此外，他好学不倦，又积极实践、勇于探索，从而形成了一套系统的农业生产理论，这对我国农业科学技术的发展同样有着巨大的贡献。

　　作为官员，徐光启忧国忧民，关心国计民生，他主张发展农业、整顿军队，从而使国家走向富强。只可惜当时腐败的明朝对他的建议无动于衷，徐光启的政治抱负也未能实现。还要指出的是，徐光启去世后，人们整理他的遗物时发现，在简陋的住所中，仅有一个陈旧的木箱，打开箱子，里面是几件破旧的衣服和一两白银，此外便是大量的著作手稿。他床铺上的垫被，已破旧不堪，暖足用的汤壶子也有渗漏，用"囊无余资"来形容他，再合适不过了。身为朝廷大学士的徐光启，清廉节俭如此，当为后世官员的榜样。

张居正

救时宰相

张居正（1525—1582），字叔大，号太岳，生于江陵县（今属湖北荆州市），明代著名政治家、改革家。《明史》卷二一三有传。张居正年少时聪颖过人，二十三岁中进士，被选为庶吉士，从此步入仕途。二十年后，他入阁为大学士，成为朝廷的股肱之臣，在安抚蒙古鞑靼部和维护民族关系上有着突出贡献。五年后，他升任内阁首辅，实行了一系列改革，如制定"考成法"以整顿吏治，清丈土地、推行一条鞭法以增加财政收入等，史称"万历新政"或"张居正改革"。这次改革，成效显著。张居正的一生始终践行着"许身于国，惟尽瘁以为期"的誓言，他的报国热忱、不畏艰难的改革决心，以及不尚空谈、强调实干的务实精神，在今天仍具有激励作用。

如果让大家根据"万历新政""一条鞭法""明代唯一的大政治家（梁启超语）"这三个关键词语来猜这是哪一位历史人物，想必大多数人都会回答"张居正"。的确，这三个词语就像"贴身标签"一样，成为我们认识和评价张居正的着眼点。

早登仕途

张居正的祖上张福（即张官保）是明太祖朱元璋反元队伍中的一员猛将，后因军功授归州（治今湖北秭归）长宁卫千户，这是一个可以世袭的正五品武职。张福的曾孙张诚因是次子，不能承袭千户之职，为了另谋生计，只好举家从归州迁往江陵（今属湖北荆州）。张诚没有功名，他的次子张镇做了江陵辽王府的护卫，社会地位不高。张镇的儿子张文明，即张居正的父亲，中了秀才，但几次参加乡试都落第了。

张居正出生于嘉靖四年（1525年），家庭状况还算不错，但从曾祖张诚以来家中就没有人做过官，因此他曾说自己"起自寒士，非阀阅衣冠之族"。据说张居正出生前，其曾祖父做了个梦，梦中一轮圆月落在水瓮里，照得四周一片光明，然后一只白龟从水中慢慢浮起。曾祖父认定白龟就是这小曾孙，于是给他取了个乳名"白圭"，希望他将来能够光宗耀祖。

张白圭少年时聪颖过人，很小就成了远近闻名的神童。嘉靖十五年（1536年），十二岁的张白圭参加了荆州府考试。荆州知府李士翱见他聪明伶俐，应对敏捷，对其大加赞赏。李士翱嘱咐小白圭要从小立大志，长大后尽忠报国，并替他改名为"居正"，希望他长大后能行正道，成为栋梁之材。后来，张居正通过了府试，成为秀才，从此走上"学而优则仕"的道路。

府试的次年，张居正又参加了乡试。当时他写了一首《题竹》的诗："绿遍潇湘外，疏林玉露寒。凤毛丛劲节，只上尽头竿。"诗中体现了张居正的抱负，他以凤毛麟角般的才气自期，争取百尺竿头更进一步。由此也看出了这位小秀才奋发向上的志气。

主持省试的官员评阅了张居正的试卷，准备录取他。而湖广巡抚顾璘则说：张童子天赋非凡，早登仕途也无不可，但我的意见是让他多些磨炼，这样他的前途更不可限量啊！考官遵从了巡抚的意见。这不是顾璘有意打压，而是其爱才育才的表现。嘉靖十九年（1540年），十六岁的张居正通过乡试，考取了举人。顾璘得知后，解犀带以赠，并说："君异日当腰玉，犀不足溷子。"果然，嘉靖二十六年（1547年），张居正中了进士，被选为庶吉士，从此步入了仕途。这一年，他刚刚二十三岁。

庶吉士是翰林院的后备官员，在当时很受重视。原因在于明太祖朱元璋废除了宰相制度，权分六部。后来的内阁大学士（又称阁臣、阁老）演变为相当于宰相的执政大臣，而内阁大学士中又以首席大学士（即内阁首辅）地位最高。一般情况下，非进士不入翰林院，非翰林官不入内阁，所以进士获选为庶吉士者，人们便视其为"储相"，即后备宰相。从张居正后面的经历看，他正是沿着这条路走的：被选为庶吉士后二十年，进入内阁；五年后，又升为内阁首辅，"储相"成了"真相"。

初论时政

一般的庶吉士多在文词上下功夫，张居正却重视有关经国济民的实学。他曾说，"道不兼乎经济（经国济民），不可以利用"，"君子处其实，不处其华"，做学问应该"敦本务实"。

庶吉士学习期满，张居正依例授职翰林院编修，这是一个正七品的官职，参与国史和官书的修纂。但张居正没有把目光局限在文史上，而是更关注社会现实。

当时的内阁首辅是历史上有名的奸臣严嵩，嘉靖皇帝不理朝政，社会弊病百出。张居正因此在《论时政疏》中指出了当时存在的五大弊病：一是宗室骄恣，是指藩王贪婪暴虐，侵凌地方官府，剥削百姓。二是朝廷不重视人才，任用官吏"轮资逐格"，职务旷废现象严重。三是吏治因循，是指官吏考核制度不严格，官场风气败坏，索贿受贿现象层出不穷。四是边备未修，是指守臣不做有效的防备，无力阻止鞑靼南下。五是财用不足，是指当前朝廷的花费数十倍于明初，政府的财政入不敷出。他进而请求嘉靖皇帝要纳谏求言，以避免这"五病"成为不治之症。

这封奏疏递上去后便石沉大海，从当时朝廷的风气和腐败程度看，这个结果也是可想而知的。但是，我们必须从中认识到张居正的观点是切中时弊的，他根据自己的耳闻目睹，看清了王朝的虚弱和朝廷的腐朽，只是如果大权仍掌握在严嵩手中，嘉靖皇帝继续不理朝政，那么国家的运势不仅不会有起色，甚至会越来越坏。

嘉靖三十三年（1554年），张居正以养病为由，向朝廷告假回乡。在家乡江陵，他常常在田间散步，亲眼看到了农民的辛苦劳作，以及官府对赋税的催逼。在家乡的三年，他更多地了解到民间的疾苦，认识到农业是衣食之本。他还感叹官府弊端丛生，豪强地主大肆兼并土地，田赋分摊不均，这一切正动摇着明朝的根基。三年的家乡生活，让张居正意识到改革的必要性和急迫性，这为他将来任内阁首辅后实行"新政"奠定了思想基础。

嘉靖三十六年（1557年），张居正销假回京，仍任翰林院编修，两年后升任右春坊右中允，管国子监司业事。右春坊右中允是表明官品的一个头衔（正六品），实际职务是国子监司业，就是国家最高学府国子监的副长官。

嘉靖四十一年（1562年），严嵩父子倒台。张居正得知这一消息很兴奋，他眼前不再是"风尘暗沧海"，而是"万里清光自远天"了。

安抚俺答

严嵩倒台后，徐阶升任首辅，他十分看重刚毅又有才识的张居正。嘉靖四十五年（1566年），张居正升为侍读学士，负责掌管翰林院。

同年，嘉靖皇帝驾崩。首辅徐阶起草遗诏，宣布此前进行的大兴土木、采办珠宝等劳民伤财之事一律停止；因直谏而被嘉靖帝错杀的大臣，也给予平反或复官。这些是颇得民心的。

承接嘉靖皇帝之位的是隆庆皇帝。隆庆元年（1567年），张居正被提升为吏部左侍郎兼东阁大学士，正式进入内阁，参与朝政。此后，又被提升为武英殿大学士、建极殿大学士。

当时，朝廷遇到的一个难题是处理同蒙古各部，特别是鞑靼部俺答汗之间的关系。

明朝前期，蒙古各部（鞑靼、瓦剌、朵颜等）曾臣服明廷，后来则屡次以兵戎相见。我们熟知的土木堡之变，就是明正统年间发生的事，御驾亲征的英宗皇帝被蒙古瓦剌部的也先俘获。后来，瓦剌势力衰落，鞑靼兴起。到十六世纪中叶，鞑靼部的俺答汗最为强盛。俺答汗曾几次主动提出通贡互市，都遭到嘉靖帝的反对，但明廷又无力阻止俺答汗南下，致使长城沿线的人民深受祸难。由于连年作战，军费激增，朝廷"岁入不能充岁出之半"，于是又猛增税收，加重了百姓的负担，朝廷内部也因战守问题争论不休。也就是说，同俺答汗的长期冲突既造成了明朝的军事、财政危机，也影响了政治的稳定。

隆庆帝继位后，首先加强了防务。在平定东南沿海地区的倭寇中建立功勋的谭纶和戚继光被调到北方：谭任蓟辽总督，戚任蓟州镇总兵。作为阁臣之一的张居正经常同谭、戚二人商讨军务。张居正对名将戚继光关怀备至，兵部打算派一名御史到蓟镇监军，被张居正制止，认为御史监军只能起到牵制总兵行使职权的消极作用。戚继光在总兵之位上充分发挥其军事才干，把蓟镇军练成全国劲旅之冠，使拱卫京师的蓟镇防务固若金汤，这同张居正的大力支持是分不开的。

由于明朝防务的加强，俺答汗南下一再受挫。隆庆四年（1570年），时为首辅的高拱和次辅张居正都认为安抚俺答汗的时机到了。在二人的共同决策下，这一年的十二月，明廷和俺答汗之间实现和平。次年三月，穆宗封俺答汗为顺义王，确立通贡互市的条款，著名的"隆庆和议"至此顺利结束。

　　应该说，"隆庆和议"的主要决策者就是张居正，和议的达成对明廷和鞑靼部都有积极意义。明朝边地的百姓恢复了农业生产，鞑靼部众也不再如俺答汗说的人马常被杀伤，因而能安心放牧了。在长城一带的关口开展互市，互通有无，大大加强了汉蒙两族的经济文化交流。更为主要的是，"隆庆和议"的实现和巩固，大大促进了蒙汉两大兄弟民族的亲睦关系，在维护国家统一事业方面具有巨大作用，而为此作出重大贡献的张居正不愧为一代杰出的政治家。

　　在处理同少数民族关系的问题上，张居正从国家安定和统一大局出发，主张同少数民族友好相处，最终实现"合为一家，永享太平"。这一理念至今仍有借鉴意义。

万历新政

隆庆六年（1572年），隆庆帝驾崩，年仅十岁的万历皇帝继位。首辅高拱因言语触动万历皇帝生母李太后的神经，加之司礼监秉笔太监冯保因对高拱不满而向李太后进谗言，李太后便以"专政擅权"之罪令高拱回原籍。于是，张居正担任了内阁首辅。面对国家当时的形势，张居正从省议论、振纪纲、重诏令、核名实、固邦本、饬武备等六个方面提出了改革方案，核心在于整饬吏治、富国强兵。一场轰轰烈烈的"万历新政"就此展开。

（一）重视人才，整顿吏治

明代中央六部，最重要的是管理人事的吏部、掌管军事的兵部以及掌管财政物资的户部。张居正以才兼文武、为人信服的杨博为吏部尚书，以颇有韬略的谭纶为兵部尚书，户部尚书则由理财专家张学颜担任。《明史》中记载："自正、嘉虚耗之后，至万历十年间，最称富庶，学颜有力焉。"张居正还放手使用潘季驯治理黄河，取得巨大成效。这些都是他重视人才、合理使用人才的突出例子。

在整顿吏治方面，张居正的最大贡献就是制定了考成法。考成法中的"考"是考核的意思,"成"是指官员办事的实际效率和业绩。整体解读,考成法就是根据万历朝中央和地方各级官员是否将政令落实,是否按时完成政务而进行奖惩的法律制度。该制度的可圈可点之处在于,既明示官员具体的办事程序,又严格执行考核标准。

在《请稽查章奏随事考成以修实政疏》中,张居正讲明了考成法的内容,可以概括为以下几点:首先,六部和都察院把所属官员应办的工作按照紧急和重要两个程度进行划分,确定完成的先后顺序和具体的时间。之后,将拟定的工作计划以及官员的完成情况分别登记在三本账簿上,一本由六部和都察院留作底册,另一本送六科,最后一本呈交内阁。其次,六部和都察院按账簿登记,逐月检查官员承办的事情,每完成一件就划去一件。如果遇到未按时完成而且积压时间很久的工作,即刻报给六科,由六科转奏给内阁或皇帝,责令该部、院再商定期限完成。六科也可根据账簿登记的考评内容,要求六部隔半年汇报一次执行情况,内阁同样按照账簿登记的结果,对六科的稽查工作进行核对。最后,官员的黜陟奖罚都与其办事效率和完成工作的实际结果挂钩。

考成法规定了严格的层层监督体系,它的推行和贯彻使官员处理政务更有效率,执行指令更加程序化,同时在一定程度上防止了官员的懈怠和腐败。

张居正还在精简机构、裁汰冗员方面下了功夫。明朝迁都北京后,原首都南京仍保留了一套官署,但多半形同虚设。万历三年(1575年),在张居正的主持下,朝廷下令:此后南京官员出缺,非紧要者不必一一推补。万历八年,依张居正的奏请,朝廷令吏部考核中央和地方官,"有冗滥者裁之"。据不完全统计,到第二年,中央和地方共裁汰文武官员一千三百余名。

(二)严肃法纪

张居正一再强调:"国家欲兴起事功,非有重赏必罚,终不可振。""法所当加,虽贵近不宥。"我们可以举几个例子:

隆庆六年(1572年)秋,由张居正拟旨,把屡次犯法、擅杀无辜的黔国公沐朝弼废为平民,并押到南京禁锢起来。严惩沐朝弼,对于作恶不法的贵族来说是一个严重的警告。

万历六年(1578年)三月,辽东上报"长定堡之捷",万历帝遍加恩赏。当时张居正因葬父南归,不在朝廷。后来,他查清辽东副总兵杀降将邀功的事实,便不顾情面,把包括几个阁臣和一些兵部长官在内的人所得的恩赏撤销。

(三)整顿驿站,减轻百姓的应差之苦

明代时的驿站是供出差官员食宿的地方,还备有马匹、船只和民夫,所产生的费用均由驿站附近的百姓承担。特别是明中期以来,有些官员利用职权,在非公差外出或其家属外出时,也利用驿站之便。驿站制度已然成为一种弊政。万历三年(1575年),张居正整顿驿站,重申官员非公差不发给允许在驿站居住的证明文件,而且证明文件不得转借,对使用马匹和民夫也有诸多限制。张居正执法很严格,他的儿子由京师回江陵参加考试,也是自己雇车而行的。张居正的弟弟病重要回乡,巡抚为了给予照顾,就发了证明文件。张居正得知后当即将文件交还,并说"欲为朝廷行法,不敢不以身先之"。由于首辅以身作则,严守法令,政风随之有所改善。

(四)治理河患,解决漕运

黄河、淮河容易闹水灾,导致是漕运中断,周边百姓流离失所，严重影响了政权的稳定。

为了解决黄河、淮河的水患，张居正认为必须加强领导，统一事权。根据他的意见，朝廷于万历六年（1578年）一月命吴桂芳兼理河运、漕运，后来又以颇有治河经验的潘季驯总理河运、漕运。潘季驯写了著名的《两河经略疏》，依循"固堤束水，借水攻沙，以水治水"的方针，制定治理黄河、淮河水患的方法。张居正对潘季驯很支持，同时还惩办了几个治河不力的官员，又给予了充足的经费。

这一工程在万历七年（1579年）秋顺利完成。水患被遏制住了，漕运也畅通了，百姓的生活逐渐安定。潘季驯概括治河的成绩时说："一岁之间，两河归正，沙刷水深，海口大辟，田庐尽复，流移归业，禾黍颇登，国计（指漕运）无阻，而民生亦有赖矣。"他也因此受到了朝廷的嘉奖。

这次治理水患，使潘季驯的名字永载史册，而张居正决心治河、任用贤才和全力支持的辅助作用也不应被忘记。

（五）节约开支，限制官廷费用

张居正说："治国之道，节用为先。"他的节用，主要体现在限制宫廷开支用度上。一是劝阻不必要的宫殿工程。万历五年（1577年），皇帝下旨要翻修两位太后居住的慈庆宫和慈宁宫。张居正说：两宫落成才两年，壮丽如故，不宜"坏其已成，更加藻饰"，且开支"省一分，则百姓受一分之赐"。此后，皇帝又下旨要修武英殿，也被张居正阻止。二是反对采购珠宝和大事织造。比如，隆庆六年（1572年）十一月，宫内太监请购珠宝的奏折送到内阁，张居正严词拒绝，理由是国库匮乏，应该停购。万历七年（1579年）夏，苏州、松江一带遭遇水灾，给事中王道成奏请停止织造，万历皇帝不许，张居正据理力争，皇帝不得不勉强同意。三是抵制皇帝随意支取银两。万历皇帝比较挥霍，他曾向掌管宫廷膳食的光禄寺提取十万银两。一个月后，又借口缺钱，令工部铸钱进用。这次，张居正不奉诏旨，并提出皇帝应"敦尚俭德，撙节财用，诸凡无益之费、无名之实，一切裁省，庶国用可充，民生有赖"。听了这番话，皇帝只好作罢。

（六）清丈土地，推行一条鞭法

推行一条鞭法，是张居正经济改革的重要措施，对后世产生了重要影响。嘉靖以来，统治者姑息养奸，任凭豪强权势之家兼并农民的土地，而豪强地主又隐瞒自己所占有的土地，少交或拖欠钱粮。不仅如此，他们还将一些投靠的农户隐藏起来以逃避赋税，于是政府所收的税额逐渐减少，致使"公家日贫"。

面对这种情况，万历五年，张居正下令清丈全国土地，限期三年完成。后来又在此基础上向全国推行了一条鞭法。一条鞭法的内容主要有：第一，"赋税合并"，即将徭役与税收合二为一；第二，"摊派到家"，即赋税或徭役直接面向人民；第三，"白银征收"，即所有赋税或徭役均以白银的形式收取；第四，"直收直运"，即一切金银均由国家派专人收取。

清丈土地和实行一条鞭法，触犯了豪强勋戚的既得利益。有人扬言改革赋役制度将"致乱"。张居正驳斥道："究观古今治乱兴亡之故，曾有官清民安、田赋均平而致乱者乎？"应该说，一条鞭法的实施减轻了失地、少地农民的负担，增加了地主乡绅的税款，也增加了政府的财政收入；同时，它简化了税政，提高了行政效率，在一定程度上维护了社会稳定，还减少了官员的腐败。学者徐希明评价它"便于小民而不便于贪墨之官府，便于贫乏（下户）而不便于作奸之富家"。《明史・食货志》中说道:"赖行一条鞭法,无他科扰,民力不大绌。"这些评价应该说是符合历史事实的。

张居正的"万历新政"使当时的社会面貌焕然一新,吏治得到改善,行政效率不断提高,国家财政收入逐渐增加,社会趋于稳定。足见张居正是一位有远见、有能力又务实的政治家。

祸发身后

担任首辅的张居正,日夜操劳,兢兢业业。万历十年(1582年)春,他虽衰病已久,但仍夙夜为公。他还亲自撰写了给老师徐阶祝寿的文章,说道,"万历以来,主圣时清,吏治廉勤,民生康阜,纪纲振肃",俺答等"来享来王,咸愿保塞","一时海内,号称熙洽"。这段话是张居正对自己十年来首辅业绩的评价,应该说是比较中肯的。

同年六月,张居正因病逝世,终年五十八岁。万历皇帝追封他为上柱国,谥号"文忠",罢朝以示哀悼。张居正的一生始终践行着"许身于国,惟尽瘁以为期"的誓言。

至此，对张居正本可以"盖棺定论"了。然而，就在他去世后不久，却遭受了"清算"。

原来，万历皇帝刚继位时才十岁，张居正既是首辅，又是帝师，他常常教育小皇帝要亲贤爱民，为此还编纂了《帝鉴图说》，讲述历代皇帝的政治得失。张居正很希望万历皇帝能早日独立处理政事，成为一个有道德、有学问、有才干的明君。为此，他可谓是尽心竭力。

万历皇帝和张居正的关系，在起初还是比较好的，然而随着年龄的增长，皇帝渐渐有了"叛逆"之心，对于张居正的教诲开始不耐烦了，但又不敢爆发，只能将愤懑埋在心里。

张居正去世后，万历皇帝开始执掌朝政。这时，他对张居正的积怨终于可以公开发泄出来了。一些见风使舵的官员看准了皇帝的心意，纷纷弹劾刚去世不久的张居正。万历十一年（1583年），万历皇帝下诏削夺张居正的太师和上柱国职衔，又夺去"文忠"的谥号，将他的儿子废黜为民，甚至下令抄家。诏书给出的理由是："专权乱政，罔主负恩，谋国不忠。"真是欲加之罪，何患无辞。

名垂青史

对于强加给张居正的罪名，海瑞激愤地说，张居正"工于谋国，拙于谋身"。一位大学士则提出抄家之举罪及无辜，"上累圣德，中亏国体，下失人心"。另有几个言官上书为张居正鸣冤，但万历皇帝拒绝纳谏。

直到万历的孙子熹宗天启年间，由于邹元标等人的奏请，朝廷才为张居正平反，恢复了被革除的一切功名。崇祯年间，又恢复了张居正长子的生前功名。

应该说，张居正去世后，明朝政局逐渐走向了衰落，此后再无起色，直至灭亡。万历四十年（1612），张居正的门生、时任内阁大学士的沈鲤做了这样的对比：张居正执政，"先法后情，先国事，后身家，任劳任怨，襄成万历十年之理"；而后来的大臣"尽反其所为"，以致国事到了无法收拾的地步。沈鲤不敢指责万历皇帝，只好将矛头指向取悦皇帝的大臣。清朝人修《明史》，便无所忌讳了，其中说道：张居正秉政时"国势几于富强"，而神宗"晏处深宫，纲纪废弛"，此后每况愈下，到了崇祯朝，终于崩溃而不能挽救，"故论者谓明之亡，实亡于神宗"。今天看来，这个论断是颇有道理的。

张居正自有其缺点和弱点，但总体说来，他的功业还是很突出的。特别是他任首辅的十年，使日渐衰败的明朝出现了"海内之治，庶几小康"的局面，人们称张居正为"救时宰相"，他当之无愧。近代学者梁启超则把张居正与管仲、商鞅、诸葛亮、李德裕、王安石并列为中国古代六大政治家。

纵观张居正的一生，他是一位很有远见的政治家。他的报国热忱，不畏艰难的改革决心，以及不尚空谈、强调实干的务实精神，在今天仍具有激励作用。

顾炎武

经世致用

顾炎武（1613—1682），江苏昆山人，原名绛，后因敬仰南宋爱国志士文天祥的门生王炎午的忠贞品格，更名为炎武。他的家乡有个亭林湖，其故居就在湖旁，所以后人又称他为『亭林先生』。顾炎武是明末清初的一位进步的思想家和学者，与黄宗羲、王夫之并称明末清初『三大儒』，《清史稿》卷四八一有传。他参加过抗清斗争，失败后奔走各地，开始了漫长的游历生涯。顾炎武好学不倦，堪称『读万卷书，行万里路』，其学以博学于文、行己有耻为主，他倡导的『经世致用』以及『天下兴亡，匹夫有责』的思想，对后世产生了巨大影响。

青少年时代

顾炎武生于明万历四十一年（1613年），出身"江东望族"的官僚地主家庭。他的曾祖曾在明朝担任过南京兵部右侍郎的官职，由于他的父亲顾同应没有取得什么功名，所以家业逐渐衰落下去。

顾同应娶妻何氏，生五子。顾炎武是次子，但他不是在何氏身边长大的，因为还在襁褓时，他就过继给了堂叔顾同吉为嗣。然而顾同吉去世很早，顾炎武便由顾同吉的妻子王氏（即嗣母）以及顾同吉的父亲顾绍芾（即嗣祖）抚育。

嗣母王氏既深明大义又吃苦耐劳，她受过一定的教育，喜欢读书，关心国家大事。据顾炎武回忆说，王氏最喜欢读《史记》《资治通鉴》以及有关明朝历史的书，在他十几岁的时候，王氏就用先贤的事迹教导他。

对少年时期的顾炎武影响最大的是他的嗣祖顾绍芾。在功名上，顾绍芾只是一名国子监生，地位不高，但是他游历过很多地方，还研究史学和地理学，眼界开阔，而且对社会现实问题颇为关心，长期阅读"邸报"（明朝政府刊行的一种官报），并从中抄录了不少重要材料。这种读书联系实际的方式，直接感染着年轻的顾炎武。顾炎武十余岁时，顾绍芾就给他讲授《资治通鉴》。顾炎武很用心，不到两年时间就把这部总结历史成败得失的巨著读完了。同时，他还学习了《孙子兵法》《左传》《国语》《史记》等典籍。顾绍芾常常教导顾炎武说：要做一个真正的读书人，就应当追求"实学"，必须深入研究天文、地理、兵、农、水土以及典章制度。应该说，这句话是很有见地的，体现了学以致用的精神，对顾炎武影响很大，他后来"经世致用"的思想，应该就是从这里发端的。

在当时，有个"纳谷寄学"的惯例，即捐一定数量的钱谷进庠学读书。顾绍芾觉得顾炎武天资聪颖，将来一定能够考取功名，光耀顾家门庭，于是就按这个办法让他入庠学。这一年是天启六年（1626年），顾炎武十四岁,他第一次离开家到学校读书,开始接触社会。

也是在这一年,他参加了"复社"的活动,从实际中学习"实学"。参加复社的成员,大多是因对明朝后期朝廷政治腐败不满而怀有改良思想的知识分子,他们继承了"东林党"的传统,通过集会、论学等方式抨击宦官专权,呼吁整顿朝纲,从而形成了有一定影响力的社会舆论力量。这种舆论,当时称作"清议"。顾炎武自幼受嗣祖顾绍芾的训诲,有着以天下为己任的胸怀,虽然只有十四岁,但他仍参加了这个组织,进而表达自己的看法。通过相互切磋和交流现实问题,顾炎武成长了很多,这对他日后的思想和行动都有着很大影响。

参加抗清活动

从天启六年到崇祯十二年(1639年),整整十四个年头,顾炎武一直在庠学读书。在这段时间,明朝的内外形势急剧恶化。崇祯九年(1636年),皇太极在沈阳称帝,正式改国号为"清",从而建立了与明朝对峙的政权。此后,清军不断南下,给明朝造成了巨大的冲击和伤害。

明朝内政上腐败无能，军事上节节失利，给顾炎武的刺激是很深的。崇祯十一年（1638年）清兵入关攻陷济南，百姓惨遭蹂躏，连致仕在家的大学士孙承宗也被杀害，这件事尤其令顾炎武感到愤慨。本来顾炎武也有过科举做官的梦想，希望有朝一日能进入朝廷，有一番作为，所以他花了很多时间研习八股文。现在，他看到朝廷这么多官僚面对国家的危机时却毫无作为，因而对科举之路不再抱有希望，他决心另辟一条道路为国家作贡献，这就是发奋研究"实学"，以有益于当世。他后来以毕生精力撰写了巨著《天下郡国利病书》《肇域志》，书中的内容反映了他早年读书时的心得和对生活的观察，以及对社会、政治、经济的分析。此外，顾炎武还写了一系列涉及明代政治、经济、科举弊端的文章，提出了许多问题，以及改革弊政的措施和建议。只可惜明朝积弊难返，崇祯十七年（1644年），农民军领袖李自成率军攻入北京城，崇祯皇帝于煤山（今景山）自缢，明朝灭亡。接着清军入关，从李自成的手中夺取了北京，建立了清朝的统治。同一年，明福王朱由崧在南京被拥立为帝，改元"弘光"，建立了弘光政权。顾炎武最初对这个政权是抱有希望的，可在他到达南京后，见到的景象却令其失望，即弘光政权腐败透顶。1645年，清军南下之时，弘光帝在马士英、阮大铖的簇拥下，仍沉溺于寻欢作乐之中，毫无抵抗之意。当时，南京兵部尚书史可法镇守扬州，弘光朝廷不给他一兵一卒的援助。在极端困难的情况下，史可法坚决抵制清军的诱降，最终因寡不敌众战败，扬州城被攻破，史可法被俘遇害。紧接着，清军渡江，南京城陷落，弘光朝廷灭亡。

眼见自己的家乡落入清军之手，顾炎武认为不能再袖手旁观了。他虽然是一介书生，但此时决定投入抗清活动中。

顾炎武家乡昆山的百姓不甘心做清朝的臣民，特别是当他们听到清廷颁布剃发令时，更是激愤万分，于是决定起义。他们首先杀死了投降清朝后被任命为昆山知县的阎茂才，接着推选了狼山总兵王佐才为义兵的统帅，号称"真义兵"，闭城拒守。

顾炎武认为，江南河网地带是抵抗清军的好地方，尤其是太湖之地，进可攻，退可守，于是他决定先到苏州附近参加王永祚领导的湖上义军，配合明军的残余势力与清军对抗。然而，湖上义兵最终还是失败了，顾炎武随即赶到昆山，与归庄、吴其沆等人参加昆山的起义。他和家乡的父老一起，为义兵筹措钱粮，以谋固守。这时，清军调集三十万兵众，以大炮数十尊从苏州直取昆山。经过二十一天的激战，昆山百姓终因孤立无援而失败。

流转江浙间

抗清失败之后，顾炎武就一直奔走于各地，从未固定某个地区为长期的居所。他最初的活动范围主要是江浙一带，以太湖为中心的地区。他身穿商人的衣服，隐瞒了自己的身份，到过松江、苏州、吴江、嘉兴、金坛、镇江、南京等地。每到一处，他都不忘诗歌创作。

这一时期，他还参加了惊隐诗社的活动。当时，许多怀有爱国思想的读书人以吟诗结社的方式联络感情，寄托亡国之思，许多地方都出现了类似组织，惊隐诗社就是其中之一。诗社集中了吴中大批心怀故明的读书人，他们饮酒赋诗，慷慨悲歌，述说兴亡。顾炎武在诗社结识了很多朋友。

顺治十一年（1654年）春，顾炎武在南京暂时定居。这一年，他遍游南京的历史名胜。顾炎武不是简单的观光，而是留心考察形势，如到太平府、登采石山，就是想对这个记录着明代兴亡历史的胜地做一番考察。他在《太平》诗中写道："天门采石尚巉岈，一代兴亡此地亲。云拥白龙来戍垒，日随青盖落江津。常王戈甲先登阵，花将须眉骂贼身。犹是南京股肱郡，凭高怀往独伤神。"采石山距离南京一百三十里，是扼守南京的咽喉，历来为兵家必争之地。弘光时，曾遣江北四镇之一的黄得功进驻此地，但清兵南下的时候，这里却没有起到军事上的作用。南京陷落后，弘光帝逃到这里被俘。这首诗，抚今追昔，感慨兴亡，抒发了作者深沉的情感。

在南京时，顾炎武化名蒋山佣。他本打算在这里住上一段时间，以观时局的变化，不料一年以后，发生了一件意外的事情。

原来，昆山有个豪绅名叫叶方恒，他见顾炎武奔走各地，无暇经营自家的产业，就企图暗中兼并顾氏的田产。顾炎武原来有个家仆名叫陆恩，见顾家门庭衰落，便投奔叶方恒家并卖主求荣。他揭发顾炎武有"通海"之罪。何为"通海"呢？就是勾结海上抗清力量的意思。这可是清廷最忌讳的事了。于是顾炎武被逮捕，经受了严刑拷打,情况异常危急。幸亏朋友设法营救,才把他从虎口中救了出来。但叶方恒并不善罢甘休,他竟然派刺客尾随顾炎武伺机将其击伤。顾炎武有感于世道人心的变化,觉得这样险恶的环境实在不宜再留居下去,于是决定北上。

漫长的游历生涯

顺治十四年(1657年),顾炎武只身北上,开始了他游历的生涯。这次游历,历时二十五年,足迹遍及今山东、河北、北京、山西、陕西等广大地区,直到他去世。可以说,这二十五年顾炎武都是在漂泊不定中度过的,他自己曾说:"频年足迹所至,无三月之淹。友人赠以二马二骡,装驮书卷。所雇从役,多有步行。一年之中,半宿旅店。"长途跋涉,不辞艰辛,表现了他坚忍的毅力。

顾炎武经由淮北,首先到达山东东部沿海的莱州府,寻访了早先参加复社活动的赵士完。沿途他不忘研究"实学",做地理考察。他登上了山东即墨之南的崂山,并在诗中描绘了崂山俯临大海的雄伟气势。他凝视着白茫茫的大海，可想而知内心是不能平静的。他又至泰安，登泰山，并专程赴曲阜、邹县，拜谒孔子庙、周公庙、孟子庙，以表示对中国传统文化开创者的追怀和景仰。

1658年，顾炎武到了河北和北京。他几次到昌平十三陵拜谒，并对昌平一带的地理形势进行调查和研究，写成了《昌平山水记》，这本书是今天研究北京史的重要参考资料。顾炎武还考察了山海关、居庸关、古北口、昌黎、蓟州一带的历史和地理形势。他所研究的问题是：这些地方在历史上究竟有怎样的重要地位，人们又是怎样利用这一带的险要形势巩固边防的。

顾炎武还阅读地方志，并结合自己的调查，写成了《营平二州史事》。他自己说编写这部书的目的是从历史中寻求对后代有益的经验和教训。当初，北宋和金结盟攻辽，就是因为没有考察营、平、滦三州的历史地理情况，才造成争地构兵，由此而亡了天下，这是一个惨痛的历史教训。顾炎武将宋金战争的成败，单纯地归结于历史地理的原因，虽然失之片面，但他对于地理形势的分析，是值得我们重视的。

顾炎武就是这样在长途跋涉中，辛勤地做着学术研究工作。他并非为研究而研究,而是有其实际意义和实用价值的。康熙元年(1662年),五十岁的顾炎武写了一首诗,其中有"远路不须愁日暮,老年终自望河清"的句子。可见,他是十分乐观的,对人生抱有坚定的信念,道路虽然漫长,但只要坚持不懈地走下去,相信终究能看到"黄河水清"的那一天。从当时的形势看,"望河清"应该不再指或不仅指抵抗清朝恢复明朝统治,而是继续关心历代的兴废沿革和古今的治乱得失,并通过自己的总结,实现富国利民的目的。

不久,顾炎武又开始了山西之行。他首先到山西太原,住在当地大学者傅山的松庄。二人在这里讨论国事,交流见解。通过傅山的介绍,顾炎武还结识了其他一些有声望的文人和学者。

李因笃是顾炎武在代州结交的密友。两人一同商讨了关于在五台山区兴修农田水利的事,经过筹划,他们约集了二十来人,在雁门关以北、五台山以东地区搞起了垦荒。顾炎武甚至想从江南约请一些能造水车、水碾、水磨的人,到这里从事农田水利工作。他甚至这样说:"使我有泽中千牛羊,则江南不足怀也。"由此可以看出,他想在边地立业的心愿。

山西西边的陕西地区形势险要，东有潼关，南有秦岭，北有渭水。陕西的长安，是中国的古都，附近有许多著名的古迹。这些对于顾炎武来说都有着极强的吸引力。因此，他决定到陕西游历。在这里，他见到了关中地区的大学者李颙，二人的共同点是都很重视有关兵、农、漕运、选举等"经世致用"之学，主张研习"匡时要务"的实际学问。

在游历关中期间，顾炎武还抨击了清朝的田赋政策。当时，关中一带的田赋是向农民征收银钱。顾炎武根据考察发现，关中地区交通不便，缺少银钱，农民为了交税，只好低价出卖粮食以换取银两，再向官府缴纳，这就使农民受到了官府和商人的双重剥削。应该说，顾炎武以天下为己任的担当意识是始终存于心中的，即使改朝换代，他仍希望百姓能够安居乐业，少受剥削和灾难。

康熙十六年（1677年），六十五岁的顾炎武在陕西华阴拜访了王宏撰，并准备在这里定居。他认为"秦人慕经学，重处士，持清议，实与他省不同"。也就是说，关中地区不仅民风朴实，而且士大夫重视实学，对国家大事颇为关心。虽然定居于此，但顾炎武仍以顽强的毅力游历于山西、陕西之间。1681年,他到达山西曲沃,由于旅途劳顿,加之年老体弱,饮食不调而呕泻不止。第二年(1682年),他感到体力有所恢复,又准备外出拜访友人。不料,因为道路崎岖,他从马上摔了下来,受了重伤,没几天,这位终身奋斗不倦的老人便与世长辞了,终年七十岁。

提倡经世致用的"实学"

顾炎武在学术上的突出贡献在于大力提倡经世致用的"实学"。

顾炎武自幼受嗣祖的教育和熏陶,注重经世致用的"实学"。他把"明学术,正人心,拨乱世"当作总目标,曾说:"君子之为学也,非利己而已也。有明道淑人之心,有拨乱反正之事,知天下之势之何以流极而至于此,则思起而有以救之。"他认为读书人不能只求一己之利,而应怀抱拯救世道人心的大志,并主张治学要有利于国家和民族,这是具有积极意义的。

顾炎武从少年时代就开始搜集明代的资料,在研究明朝的成败得失上下了一番功夫。他还建议把明朝的实录公之于世，为"天下之士"了解"当世之务"提供便利条件。

顾炎武的学生潘耒曾说："昆山顾宁人先生，……事关民生国命者，必穷源溯本，讨论其所以然。"潘耒将当时的读书人分成两类，一类是"通儒"，一类是"俗儒"。"通儒"对于历史中的政治、经济以及民情、风俗等问题有着精深的研究，其目的是寻求事物的本源和演变，并在此基础上，解决现实问题，就是所谓的"学以致用"。而"俗儒"则是对历史发展规律茫然无知，只是雕琢辞章，拼凑史料，或者讲一些空虚缥缈的话。在学生眼里，老师顾炎武一定是属于"通儒"的，因为顾炎武说过："夫史书之作，鉴往所以训今。""鉴往"，就是从历史中汲取经验教训，目的是"训今"，即指导现实，并作为当前的借鉴。这种以史为鉴的思想无疑是值得肯定和学习的。

顾炎武还认为，对于传统的"经学"，也可以从中发现"经世致用"的学问。受到宋明理学的影响，经书往往被神秘地渲染，加之"四书五经"成为科举考试的必读书，更使经书变得"神圣不可侵犯"。顾炎武认为，经书是记载古代典章制度和社会生活的著作，是古人借以"明道"的"器",并非什么神秘的东西。他把经书看作有血有肉的"史",从中总结成败得失。

顾炎武"经世致用"的思想,还促使其养成了联系实际、认真踏实的学习态度和不囿于成见、勇于探索的学习精神。

从历史发展进程上看,"经世致用"思想对宋明理学给人们带来的思想禁锢予以一定的冲击,对后世也有着重要影响。晚清时期,龚自珍针对当时人们做学问脱离社会现实、专注经书音韵及辞章考据的情况,以及"万马齐喑究可哀"的社会现状,指出:"不研乎经,不知经术之为本源也;不讨乎史,不知史事之为鉴也。不通乎当世之务,不知经、史施于今日之孰缓、孰亟、孰可行、孰不可行也。"做学问要通乎当世之务,这自然是对顾炎武"经世致用"思想的传承。魏源对顾炎武的人格和思想都十分敬仰,在他所编的《皇朝经世文编》中就选取了九十七篇顾炎武的作品,是他所精选的经世文章中最多的。中国近代改良思想的代表人物梁启超更是对顾炎武的"经世致用"推崇备至,"要之其标'实用主义'以为鹄,务使学问与社会增加密度,此实对于晚明之帖括清谈派施一大针砭;清代儒者以朴学自命以告示于文人，实炎武启之；最近数十年以经术而影响政体，亦绍逮炎武之精神也"。时至今日，"经世致用"的思想仍是我们读书做学问的宗旨和目标。

"天下兴亡，匹夫有责"的担当意识

梁启超在《无聊消遣》中有"天下兴亡，匹夫有责"一语，这八个字的最初来源就是顾炎武的《日知录》。原文说道：

> 有亡国，有亡天下。亡国与亡天下奚辨？曰："易姓改号，谓之亡国；仁义充塞而至于率兽食人，人将相食，谓之亡天下。……是故知保天下然后知保其国。保国者，其君其臣，肉食者谋之；保天下者，匹夫之贱，与有责焉耳矣。"

在顾炎武看来，亡国和亡天下是不同的。易姓改号、改朝换代，属于亡国，亡国问题只要君臣和肉食者去关心；败义伤教，无君无父，即封建伦理道德的沦丧，属于亡天下，亡天下的问题高于亡国，保天下是保国问题的前提和基础，这就需要动员天下之人为之努力和奋斗，所以称保天下是"匹夫之贱与有责焉"。

顾炎武把仁义充塞看作亡天下，这是沿用了孟子的观点。《孟子·滕文公下》说："杨氏为我，是无君也。墨氏兼爱，是无父也。无父无君，是禽兽也。公明仪曰：'庖有肥肉，厩有肥马，民有饥色，野有饿莩，此率兽而食人也。'杨墨之道不息，孔子之道不著，是邪说诬民，充塞仁义也。仁义充塞，则率兽食人，人将相食。"

从这段话可以看出，仁义充塞的根本问题是无君无父。当年孟子说杨朱、墨翟无君无父，顾炎武则骂"竹林七贤"一类的人败义伤教："魏晋人之清谈，何以亡天下？是孟子所谓，杨墨之言，至于使天下无父无君，而入于禽兽者也。"

因此，顾炎武认为的"亡天下"，并不仅指明亡于清，其所谓的保天下，也不仅指反清复明，而主要是挽救封建伦理道德的问题。这一点，章太炎先生就敏锐地观察到了，他说："昔顾宁人以东胡潜乱，神州路沈（同"沉"），慨然于道德之亡，而著之《日知录》曰，有亡国有亡天下，亡国与亡天下奚辨？……余深有味其匹夫有责之说，今人以为常谈，不悟其所重者乃在保持道德而非政治经济之云云。"

可见，顾炎武提出的"天下兴亡，匹夫有责"，既带有挽救民族危亡的性质，又体现了他拯救百姓于涂炭，为万世开太平的爱国主义精神，更表达了他试图改革弊政、打击封建腐朽势力的愿望，具有历史进步性。

正是由于这个原因，"天下兴亡，匹夫有责"这句话直到今天仍具有实际价值，它激励着中国人形成以天下为己任的高度自觉的担当意识。应该指出的是，以天下为己任的担当意识并不一定要人人出仕为官、在位谋政，也不一定要有权力、地位、财富等资源，最重要的是有一份责任心和使命感，能够根据现实环境和状况，从自身做起，身体力行，传承创新中华优秀传统文化，担当起"保天下"的神圣使命。这既是我们每个中国人的责任，也是我们实现中华民族伟大复兴中国梦的正确途径。